JN075666

子どもがたのしい
生活科の授業づくり

鈴木隆司 著

一藝社

まえがき

まずは、本書を手に取っていただき、ありがとうございます。必要な情報はインターネットから得られる時代に、あえて本を手に取るということ自体が大変なことと思います。感謝いたします。

私が前著『授業が楽しくなる生活科教育法』を一藝社から刊行したのは2018年でした。その後、新型コロナウイルスの感染拡大が始まり学校教育は大きく様変わりしました。その結果、多くのことが見直されてきました。子どもの学校生活も大きく様変わりしてきました。とりわけ、生活科は活動中心の授業を基本としていたため、教育現場では、戸惑いや不安の声が私のところに届けられました。

2023年の現在では、新型コロナウイルスの感染拡大状況はまだまだ予断を許さないものの、ひとつひとつの制限が緩和されつつあります。前著もそのままでは活用していただけない部分が出てきました。

そこで、前著で示したことをベースに、新たに生活科の授業づくりを考える必要があると思い、ここに生活科の授業づくりについての著作を新たにまとめることにしました。

今回の著作は、「生活科はどうすればいいのかわからない」という方に向けて書きました。これから教員になろうとする学生さんや若い先生だけではなく、ベテランの先生が自身の授業を見直す際の参考になるようにも書きました。

本というのは、どれだけいいものを書いても、読んだらそのすべてが頭に入るわけではありません。そのままでは、せっかく読んでいただいても力にならず残念です。そこで、本書では、特に頭に残してほしいと思ったポイントを四角で囲んでおきました。この部分だけでも頭に入れておくと、困った時、どうしていいのかわからなくなった時に立ち止まって考えることができると思います。

また、目次の見出しを細かくしました。困った時・何かを学びたい時には、どこを読めばいいのかわかりやすいようにしました。

いろいろな工夫をしましたが、どのように本書を活用するか、本書から何を学びとるかは、読者のみなさん自身にかかっています。どのように読んでいただいてもいいので、何かひとつでも学び取っていただけると幸いです。

2023年2月

鈴木　隆司

もくじ

第9章　生活科の評価の方法

第10章　生活科の授業研究を考える

第11章　生活科でのICT活用

カバーデザイン／クリエイティブ・コンセプト

第1章

生活科って何だろう

1－1. 生活科は「勉強」ではない

日本に近代的な「学校」ができたのは明治になってからです。それ以来、日本の学校教育は子どもたちに「勉強」することを要求してきました。学校は創設の時点で「勉強」するところとされてしまったのです。では、「勉強」とは何をすることでしょうか。文字から見てとれば「勉強」は「勉める（つとめる）」と「強いる（しいる）」という漢字からできています。この漢字から考えると、「勉強」とは「勉めて強いる」つまり「いやなことでも頑張ってやる」という意味になります。そうした考え方を基調としてつくられた学校で、現代を生きる子どもたちは毎日「勉強」しているのです。

学校の様子を見ていくためには時間割を見ると、どのようなことが行われているのかがわかります。学校の時間割を見ると、これまでも、現在も、学校で一番多くの時間が割かれているのは授業の時間です。では、授業で「勉強」が行われているのでしょうか。このことを子どもの視点から見つめ直してみましょう。

多くの人が、子どもの頃の学校の楽しい思い出として残っているのは、最も時間が割かれていた授業の場面でしょうか。そうではなくて、休み時間に友だちと遊んだことや給食や修学旅行・運動会といった行事の思い出ではないでしょうか。あれほど時間を割いて行った授業のことは案外印象に残っていないのではありませんか。それは、学校の教育が「勉強」だけではなかったからです。

学校は授業を中心に「勉強」が位置付けられたものの、子どもの心に残っているのは授業で行った「勉強」ではなく、それを取り巻く学校生活だったのです。こうした事態を示すかのように、現代では日本の子どもの学習時間は、世界最低レベルまで落ち込んでしまいました。小学校高学年になると、教室は一部の熱心な子どもと「勉強」嫌いな子どもにわかれていると指摘されています。子どもにとって本来であれば楽しいはずの「学ぶこと」が「勉強」に置き換えられ、楽しさから切り離された「勉強」によって、現代を生きる子どもは学ぶことへの意欲が持てなくなっているのです。

今から20数年前に、学校ができたときから授業を「勉強」として位置付けてきた学校の在り方に問題があることに気が付いて「勉強」ではない授業の時間を創設するという教科が考案されました。そうして誕生したのが「生活科」です。だから、生活科は授業のひとつを担う教科ではあるものの「勉強」ではないことをするのです。同時に、学校に対する見方・考え方を転換する大きな役割を担っている大切な教科であるとも言えます。

生活科は、学校観を転換する新しい教科
理科＋社会科≠生活科

1－2．生活科は「学び」を大切にする教科

こうした明治以来の「勉強」の伝統を破る考え方によって誕生した生活科が大切にしたのは、「勉強」ではなく「学び」です。通例の教科は学習内容や方法が教科書に書かれています。そのため、通常の教科の授業では、教科書を基に学校で先生が丁寧に教えてくれます。生活科も教科なので、教科書はあります。しかし、生活科の教科書は、教科書を基に教えるようにはつくられていません。生活科は「教科書を教える」のではなく、「教科書で」ないしは「教科書でも」教えるようにつくられています。生活科の授業では、教科書に書いてあることではなく、子どもたちの目の前にある生活から、いろいろな知や技やものの見方・考え方を習得するようにつくられています。通常の教科のように、決まった

内容を教わるのではなく、自分たちで体を動かして生活に挑み、生活の実際から学び取るのが生活科なのです。生活科の授業で行われることは「勉強」ではなく「学び」になるというのは、そうした現実のもの・ひと・ことから直接学び取るということなのです。

例えば、生活科でよく行われる「がっこうたんけん」を例にこのことを考えていくと生活科の「学び」の様相がよくわかります。

1－3.「がっこうたんけん」に見る生活科の学び

小学校に入学した当初の1年生は、学校のどこに何があるのかを知りません。それを知らなければ学校生活に支障が出るので、子どもたちに学校の施設や場所とその機能、さらにはそこで働く人々について知らせることが必要になります。生活科が始まる前までは、こうした内容を1年生の子どもに知らせるために、学級担任の先生がクラスの子どもを引き連れて校内を案内するいわば「学校案内ツアー」を実施していました。ところが、ひとりの学級担任が40人近い子どもを連れて校舎を案内するのは大変なことです。先生に近い前の方にいる子どもは話を聞いていても、だんだん先生から離れるほど話が聞こえにくくなり、後ろの方の子どもは、ただ連れられて校内を歩いているだけになってしまいます。結局、クラスの子どもを連れて「学校案内ツアー」を実施しても、「保健室はどこですか？」という子どもが出てしまいました。授業では、校舎内を巡ったけれど、その学習が形式に留まってしまい、学習したことが子どもたちにとって十分な学びになっていないという結果になっていたのです。しかし、このことはそれほど子どもの学校生活では困ったことにはなりませんでした。子どもはしばらく学校で過ごしていると、施設や場所くらいは徐々にわかるようになっていくからです。最初のほんの少しの期間を除いては、子どもたちは学校生活を送る上では困らない程度には、学校の施設についてはわかってくるのです。だから、「学校案内ツアー」でも事足りていたのです。こう考えると、「学校案内ツアー」自体が必要ないということになるのでしょうか。子どもの学びは、生活を送る上で事足りていれば済むというものではありません。「学校案内ツアー」が子どもの豊かな学びになることが必要です。「学校案内ツアー」が子どもの学びになっていなかったことが問題なのです。

では、どうして「学校案内ツアー」では、子どもは話を聞いていたり、聞かなかったりしてしまったのでしょうか。それは、子どもにとって「学校案内ツアー」がやらされている活動であり、子ども自身が自分から学びたいと思う主体的な学びにはなっていない、いわばやらされている「勉強」になっていたからではないかと思います。子どもにとっては、行きたくもない場所に連れられて、自分の生活と直接関わりのない場所のことを知らされたとしても、その場所に対する学習意欲がわいてくるものではありません。こうした子どもの生活現実と切り離された、学校の必要性からだけで行われる形式的な「学校案内ツアー」のような活動こそがまさに「勉強」なのです。形式的な活動が重なると、子どもたちは「学校での活動はおもしろくなくてもやらなくてはいけないもの」＝「勉強」という印象を持つようになっていきます。そして、子どもたちにとっては「勉強」はつまらないものとして印象付けられてしまうのです。

それでも多くの子どもは授業を受けていたのです。しかし、現代に至っては、それがほころび始めたことに大人が気が付くまでになったのです。そこで、こうした受け身の活動ではなく、子どもたちが自分自身で学びをつくり出すことができる活動として考え出されたのが「がっこうたんけん」でした。

「がっこうたんけん」は、子どもたちが「たんけん」と称して未知の世界を自分自身の手探りで活動して、その活動の中でさまざまな気付きを得るという設定になっています。子どもにすれば、学校は知らないところだらけの未知の場所です。そこに行くことは、知らないところに行くという緊張感とワクワクする期待感があるとても楽しい活動になります。これを「学校案内ツアー」にしてしまうと、ワクワク感をともなうおもしろさをそいでしまうことになってしまいます。「学校案内ツアー」を「がっこうたんけん」にすれば、子どもは自分の行きたいところに行けるので、活動は子どもにとって主体化されたものとなります。自分の行きたいところへ「たんけん」に行って、その行き先で発見したことを報告し合うことで、ひとりの子どもの学びがみんなのものになります。こうして「がっこうたんけん」は、まさに「勉強」を克服する「学び」の単元になりました。

1－4.「勉強」と「学び」の相違点

「学校案内ツアー」と「がっこうたんけん」の指導上の違いは教育目標にあります。「がっこうたんけん」は「学校案内ツアー」のように、「子どもたちに学校の施設や場所を知らせる」ことを目標としていません。「学校の施設にはどのようなものがあるのかに気付く」ことを目標としています。「がっこうたんけん」は、「気付く」ことを目標としているため、教師から学校の施設について「案内」してもらい教えてもらうのではなく、子どもたちが「たんけん」する活動によって発見したり、気付いたりしたものやこと、人との出会いの場面と出来事を関連付けて学ぶという仕組みになっています。

例えば、けがをしたらどうするかという場面と保健室と養護教諭が関連付けられて学ばれるので、自分がけがをしたときに、その手当や処置をしてもらうために保健室に赴き、養護教諭との関わりで手当てをしてもらえるという行動ができるようになるのです。こうして「がっこうたんけん」で得た発見・気付きが、その後の学校生活を送ることで、日常の学校生活で生じた出来事とつながることによって、子どもは自分の手で学校生活をつくりあげていくことができるようになるのです。これが「学校案内ツアー」であれば、その時に「知」として保健室を知ることができても、そこで誰が何をしており、どのような場面で利用できるのかといった日常生活と「学校案内ツアー」で得た知との関連が体験的に身に付かずに学習が閉じてしまうことになってしまうのです。

1－5. 学びを生活で活用する

もうひとつ、生活科が「勉強」と異なる学びを得ることができる仕組みがあります。それは、生活科が授業だけで完結する知識や技能を与えるのではなく、授業で得た発見や気付きを現実の学校生活の中でいかすことができるという点です。生活科は、生活とつながることによって、学校生活を自分のものとして定着させていく学びをつくる教科でもあるのです。生活科で身に付いた学びには、他の教科と異なり、テストによって測定できるものだけではなく、生活現実に埋没して見えにくいものもあります。生活科の学びは、点数やテストによって客観化しにくくあいまいな部分があることは否めません。生活科は何をやっているのかわかり難く、そこで育つ学力があいまいなことをとらえて、極端に言えば、「生活科ってなくてもいいのではないですか」という問いも出てきます。 では、本当に、生活科はあってもなくてもいい、息抜きの時間という程度の位置付けでよいのでしょうか。生活現実に埋没して見えにくいからと言って、子どもが学んでいないというわけではないので、考え直す余地があるはずです。

生活科は子どもに「知らせる」のではなく「気付かせる」

1－6. 生活科はあってもなくてもいい教科なのか？

国語や算数、そして英語というような「読み・書き・算」といった基本的なリテラシーに関わる学びを担う時間は、学校にはなくてはならない教科にすべきだということにはあまり異論がありません。特段な説明も要りません。時間割の上でも国語や算数の時間数は多く確保されています。さらには、学校だけではなく塾でも教えられています。そして、上級学校への入学試験にも国語や算数が出題されます。音楽や図画工作のような芸術教科は人の心を豊かにします。体育は体を育成して健康を保持します。社会や理科は科学的に物事を考える基礎を養います。家庭科は家庭生活を豊かにします。道徳は公共心を養います。

では、生活科はどうでしょうか。学校生活に慣れるというのなら、日々学校で過ごしていれば生活様式は自然と身に付きます。昭和の頃には生活科がなかったにもかかわらず、多くの子どもたちは小学校生活を普通に送っていました。このように考えてくると、生活科はあってもなくてもいい教科のように見えてきます。

令和の現代（いま）を生きる子どもたちは、かなり多くの情報にあふれた世界に生きています。そのため、とても多くの事を知っています。ところが、情報として得ただけの知識は子どもの身になっているとは限りません。子どもたちは、知ってはいるものの実際にはやったことがないため、生活に必要な基本的なことができないのです。

例えば、給食の配膳の様子を見るとよくわかります。1年生のクラスで、給食の準備をするのは一苦労です。机の上にお箸や給食袋が散乱していて、給食のお盆が置けないで困っている子どもがいます。ものをどけてからお盆を置くということができないで困ってしまうのです。給食のナプキンが広げられない・畳めないため、丸めて袋に押し込み、袋に入りきらない子どもがいます。食器を正しい向きに置けない子どもがいます。左右は関係ないと思っているため、方向感覚が身に付いていないのです。お椀を片手で持てないので、持たずにそのまま口から食べようとしたり、麺類はお箸でうまくつかむことができなかったり……。など、給食という生活の場面での問題は枚挙にいとまがありません。

子どもたちは、お箸の使い方は知っています。ごはんと汁物を置く場所も知っています。しかし、そうしたことを日常の生活の中で気にかけて実行していないため、できないのです。現状は、生活上のさまざまなことを気にかけず、何となく生活している子どもがかなりたくさんいます。このように、子どもにとっては、知っていることは知識として完結しており、現実の生活には活用されず、生活とは別ものになっているのです。子どもたちの「知」が日常生活の経験において意識化されることが少ない状況にあるのです。こうした生活上の経験の意識化が少ないことからくる「ゆがみ」が年々目立ってきています。本来ならば、こうした生活経験の場は学校ではなく、家庭にあると思われます。だからといって、現在では知っていることを経験によって活用する場を家庭だけに期待していては、子どもの成長の「ゆがみ」は収まることがないでしょう。学校生活は子どもにとってみれば、知識や技能を授業で獲得する以外にも、さまざまな学びを獲得する機会にあふれています。そうした機会を逃さずとらえ、子どもにとって、生活の中で「知」の有効性やすばらしさを意識化することができるように、学校の授業において、生活する上での「知」の活用といった学びを取り上げるのが生活科の使命であると考えられます。生活科は、現代の学校教育の本質的な学びを支える教科として存在しているのです。

生活科は、その名前にある通り生活を対象として、授業や授業以外で生起する生活現実での出来事をつなぎあわせ、そこに意味を持たせて、子どもの生活をより豊かにしていくために、現代(いま)をいきる子どもにとって欠かすことのできない学びをつくる教科です。とりわけ、生活が便利になり、子どもたちが「知」の活用を意識化することがないままに生活できるようになってきた現代であるからこそ、生活科は必要な教科であると言えます。

生活科では「勉強」はしません。豊かに学びます

1－7．生活科とはどのような教科なのか？

これまで見てきたように、生活科は、「勉強」の世界から離脱して、子どもの生活の中にあるさまざまな機会をとらえ、生活の中で身に付けた「知」を意識化することによって学びをつくりあげていきます。しかも、教科書に示された内容だけではなく、子どもたち自身が気付くことによって学びの内容をつくりあげていく教科でもあります。教科書はあるものの、教科書に書いていることを学ぶのではなく、現実の自然や社会と出会うことにって学ぶ教科なのです。

では、子どもたちはどのように自然を見つめ、社会を見つめているのでしょうか。子どもが自然を見るとき、どこを見ているのかを調べるため、子どもにデジタルカメラを持たせて校内の自然を探検する活動をしました。子どもたちが撮ってきた写真を見ると、その多くが50㎝以内の極めて近接した地点から撮っていたものでした。その逆に、周りの景色を広く俯瞰(ふかん)して撮影するような子どもはほとんどいませんでした。このことから、子どもは対象物を自分のごく狭い視野で見ていることがわかります。ただ視野が狭いのではなく、子どもたちは、狭い範囲でとても細かいところをしっかり見ており、その細かな視点での気付きが多く生まれてきます。そのことは、撮ってきた写真にキャプションを付けさせるとよくわかりました。ある子どもは、ザリガニの写真を撮ったとしても、ザリガニそのものではなく、「ざりがにのはさみがおおきかった」

というように、ザリガニ本体よりもそのはさみの部分に注目していることがわかるキャプションを書いていました。社会的な事象についても同様に、自分自身が生活している狭い範囲で考えています。学校の中にいる人の仕事調べの活動では、用務の先生の仕事や給食の先生の仕事を自分たちの係と関連させて考えていました。自分たちがアサガオの世話をしているのと同じように、用務の先生が花壇の花や植木の世話をしているとか、給食室では自分たちが給食当番の時にするのと同じように白衣を着ているとか、自身の生活という範囲にある出来事を押し広げて考え、大人がしている仕事と関連させて、社会について理解しようとしている様子がうかがえました。

このように自分の生活の中にある出来事と大人の仕事を関連付けることで学ぼうとする子どもの学びのスタイルは、通例の教科のように自然や社会を客観的・構造的に理解するという筋道とは異なり、自分たちの生活の文脈という極めてローカルな視点での把握から、徐々に広がっていくように理解が進んでいきます。そのため、生活科では、子どもたちの学びは生活に埋め込まれた、生活にある事実から始められるように教育課程を整理する必要があるのです。その際、一見バラバラのように見える子どもそれぞれの生活の中にある事実について、その事実と自然や社会の現実との関連を持たせることによって、どの子どもにも共通する事柄への理解を深めていくことができるように、子どもに生活上の出来事に対する意識を深めていく必要があります。

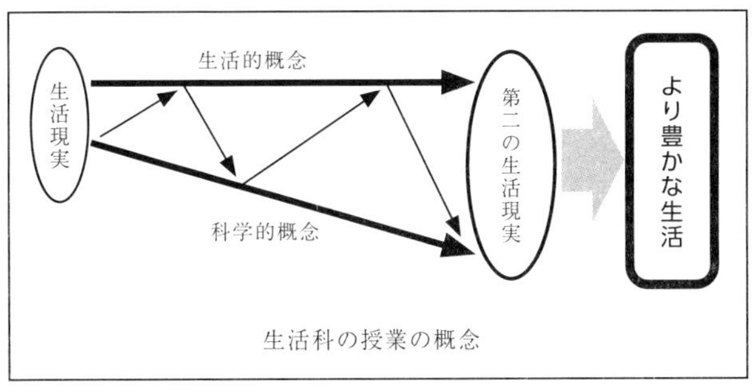

生活科の授業の概念

【参考文献】

佐藤学『「学び」から逃走する子どもたち』（岩波ブックレットNo.524）岩波書店、2000年

原田信之、須本良夫、友田靖雄『気付きの質を高める生活科指導法』東洋館出版社、2011年

江森一郎『「勉強」時代の幕開け』（平凡社選書131）平凡社、1990年

佐伯 胖『学ぶということの意味』岩波書店、1995年

水内 宏・小川修一編『教えから学びへの授業づくり　生活科』大月書店、1997年

田村 学・吉冨芳正『新教科誕生の軌跡』東洋館出版社、2014年

第2章

生活科の教育課程上の位置

2－1. 教育課程って何だろう？

みなさんは「教育課程」という言葉を説明できますか。教育学を学んでいると割と使っていたり、大学の講義で聞いたりしているはずです。しかし、よく考えてみると身に付いていないことが多いものです。このように、なんとなく知っているが、よくわからない言葉が出てきたら「なんとなく」把握しているだけではなく、出てくるたびにきちんと調べたり、人に聞いたりしたほうがいいしょう。おそらく、子どもの頃は、そうして学んでいたのではないでしょうか。低学年の子どもは、なんでもよく聞いてきます。それは知らないことがたくさんあるため、学びに対して意欲を持っているからです。現在の大人は、携帯モバイルを使ってネットで調べると、知ったような気になりますが、すぐに忘れてしまいます。しっかりと忘れないように、記録を取っておくことも必要です。

「教育課程」とは、教えるべき内容をどこまで教えるのかということを時間数との関連で示した学校の教育計画のことです。一番わかりやすい具体物が「時間割」です。

> [1] **教育課程は意味的には「カリキュラム」とされている。「日本では法規の規定は大綱的基準であって、具体的・実践的には各学校が地域の条件や児童の実態などを考慮して、教科の内容編成やそれ以外の活動、行事、さらには休み時間や給食時間などをふくめた全教育活動の計画と実施様態をふくめてカリキュラムということが多く、したがって、学校と教師がカリキュラム編成の実質的な主体と考えるのが事実に即している。」（青木 一、小川 利夫、斎藤 浩志、山住 正己、大槻 健、柿沼 肇、鈴木 秀一『現代教育学事典』労働旬報社、1988年）**

では小学校の時間割はどのようになっているのでしょうか。

初めに目につくのが「教科の時間」です。国語、算数、理科、社会、音楽、図画工作、体育、家庭科、英語（外国語）、生活科、そして特別な教科「道徳」というのが小学校にある教科です。

次にあるのが、朝の会、帰りの会、給食、休み時間、清掃時間などです。これは教科等のように授業の時間とは違いますが時間割にあります。さらには、学級活動や運動会や遠足、修学旅行や入学式、卒業式、始業式、終業式、朝礼といった行事などがあります。これらは「特別活動」とされています。これ以外に「領域」というのがあります。現代の小学校の教育課程では「総合的な学習の時間」がこれに相当します。教科ではなく、特別活動でもなく、子どもたちが教科横断的に探求しながら学びをつくっていく時間です。現在の日本の教育課程はこの3つの柱から構成されています。これ以外は教育課程の外になるため「放課後」と言われます。

現代日本の教育課程　3つの柱

1. 教科（国語や算数などの授業 … 生活科は教科）
2. 領域（「総合的な学習の時間」など教科とは異なる授業）
3. 特別活動（行事、式典、修学旅行、学級活動など）

こうした日本の教育課程では生活科は「教科」に属します。そのため、教科書があり評定を行う必要があります。ところが、生活科で学ぶ内容は「領域」に近く、通例の教科のように特定の科学や文化を背景に持ち、学習対象が限定されていません。生活科では、生活全般を対象とした幅広いもの・こと・ひとを扱います。生活科が学びの対象とする「生活」は一般的・抽象的なものではなく、地域や学校の特性を反映させた具体的なものになります。そのため、教育課程上の位置づけは「教科」とされているのですが、他の教科とは異なる点がいくつかあります。

教科の教育は基本的には学習指導要領に沿って行われます。そのため、教科の目標や指導計画の編成についてどうするかということは、学習指導要領に記載されています。生活科についても、教科なので、この例にもれるものではありません。しかし、生活科では地域や学校の特徴に応じて、具体的な学びを形成することができる単元を構成する必要があります。全国一律に同じ時期に同じ内容の授業ができるわけではないからです。例えば「はるをさがそう」という単元は、雪の残る北海道とすでに夏の気配がする沖縄など全国一律に4月に実施できるとは限りません。このように生活科では、必ずしも教科書に則り、一律に計画通り進めていくわけにはいきません。生活科では、教育課程を構成するまとまりとしての単元の構成は教育現場に委ねられている面が他の教科より大きいということです。そのため、生活科で扱う内容については、学習指導要領にある指導項目をそのまま扱うのではなく、地域や学校によって軽重をつけて扱う必要があります。自然に恵まれたフィールドを持つ小学校と街中にある小学校、大規模校と小規模校といったように学校が置かれている環境によって、子どもたちの生活が異なるのは当然です。その生活を対象として単元を構成するので、どうしても教育現場で指導項目に軽重をつけて単元を構成した上で教育計画を立てる必要がでてきます。

では、生活科の単元はどのように構成すればいいのでしょうか。生活科の単元構成については、これまで多くの教育現場では主に3つの方法がとられてきました。

単元とは…教材の有機的なまとまり

2－2. 生活科の単元構成の方法①
いろいろな教材で、子どもの学びの契機を増やす

これまでの生活科の単元構成として多く用いられてきた方法には、ひとつの教材ではなくさまざまな教材を用意して子どもに選択させるとい

うやり方があります。例えば、「おもちゃをつくってあそぼう」という単元では、教師があらかじめいろいろなおもちゃを用意しておいて、子どもたちが食いつく箇所を多様に準備しておくというやり方です。このやり方だと、子どもが興味を示したものに取り掛かりやすく、個に応じた授業の展開が期待できます。最近流行の「個に応じた学び」が可能となるため、個別最適化にふさわしい単元を構成することができます。実際に教科書でもこのように、多様な教材を提示するといった単元の構成方法が掲載されています。このやり方では、子どもに選択肢を与えることができるので、選択するという意味での子どもの主体的な学びを引き出し、個々の子ども独自の気付きを期待することができます。とりわけ、「何をすればいいのかわからない」という子どもにとっては、選択肢がたくさんあり、そこから選べばよいので、このやり方だと助かります。

そうしたよいとされてきた面があるものの、実際にはこのやり方では、教師が用意した教材の中だけで子どもが学ぶように仕向けていることになります。子どもは、教師があらかじめ用意した教材の範囲内で学ぶことになると、どうしても、教師の定めた範囲を逸脱することなく活動することになります。本来、子どもは創造的であるため、いつも教師が設定した範囲内でだけで学ぶとは限りません。その子どもの生活や体験によって身に付けたものや自分が持ち込んだものからも学ぶことができます。このように考えると、教師が選択肢をいくら多くしても、それが本当に子どもの創造的で主体的な学びとなっていると言えるのかという疑問が残ります。

また、低学年の子どもは、自分のやりたいことがやりたいので、教師の用意した選択肢だけでは収まらない学びを展開するという事態が現れることがあります。生活科は低学年で展開される教科であるため、教師が丁寧に準備して授業に向かう必要があります。ところが、教師が良かれと思って準備したことによって、子どもの学びを先回りしてしまうという、いわば準備過多の状態を生み出し、本当に子どもたちのやりたいことをやらせてあげることができなくなってしまう場合があります。そうした授業では、自分のやりたいことをやりだす子どもは、教師が設定したねらいからはずれた「わがまま」として扱われるようになってしまいます。だからといって、「自由に活動しなさい」という設定では、経験の少ない低学年の子どもにとっては何をしてよいのかわからず、しなくてもいい失敗をさせてしまう事になります。こうした授業の中では、子どもが活動はしているのですが、活動の中に確かな学びが見えてこないということが起こります。そこで次のような方法が編み出されました。

２－３.生活科の単元構成の方法②
子どもが持ち込んだものから授業や単元をつくる

教師があれこれと準備しすぎないようにすると、思い切って子どもに教材を委ねてみようという発想が出てきます。この考え方では、子どもが持ち込んだものを教材として授業を進めます。低学年の子どもは通学途中で興味があったものを次々と拾ってきては教室に持ち込んできます。草花、木の実、虫など自然物や落ちていた機械の部品、何かの破片など

も集まってきます。それを教師が受けとめなければ、子どもが持ち込んだものは一時の興味として忘れ去られていきます。これではせっかくの興味が関心へと育ち、学びにつながるまでには至りません。一方、教師が子どもの持ち込んだものを教材として位置付け、子どもたちの関心を呼び起こし、学びにつなげていくことができれば、ひとつの単元として構成することができます。ここで大切なことは、子どもが何気なしに抱いた興味を、学びの機会ととらえて、次の学びへとつながる関心へと生まれ変わらせていくということです。この関心こそが子どもの学びの原動力となります。

例えば、ある子どもがタンポポの花を持ち込んできました。

春になればあちこちでタンポポが咲いています。そのことに興味を持ったのでしょう。次の日、その発表を聞いて感化された別の子どもがやはりタンポポを持ち込んできました。ところが、この子どもはタンポポを根っこから引き抜いてきてしまったのです。クラスの子どもは、これまでタンポポの花は見て、知っていたのですが、根っこは見たことがなかったのです。「タンポポの根っこって長いね」という気付きを得ました。さらに、別の子どもが今度は１m近くもあるもっと長い根っこのタンポポを持ち込んできました。子どもたちは根っこの長さに驚き、「どうしてこんなに根っこが長いのかな？」とタンポポに関心を持つようになり、いろいろ調べ出したり、聞きに行ったりという活動を始めました。こうして、生活科の授業「タンポポのひみつをさぐれ！」が始まっていきました。

２－４. 生活科の単元構成の方法③
方向性を決めて、チャレンジする！

３つ目には、方向性を決めてチャレンジするという単元構成の方法があります。例えば、単に「かみひこうきをつくろう」という活動を単元として設定したのでは休み時間の遊びと変わりません。活動が示されているのですが、そこで何を追求させたいのかという課題が示されていないのです。そこで、この活動に方向性を持たせて、「よく飛ぶかみひこうきをつくろう！」とすれば、「よく飛ぶ」に子どもの活動が焦点化され、学びが生まれます。これが第3の単元構成の方法です。ここで注したいのは「よく飛ぶ」の中身をあえて教師から提示していないということです。よく飛ぶというのはこういう状態の事をさしますとか、距離を飛ばすことを目標にしましょうというように、教師が学びの方向の内容まで決めてしまうと、子どもたちの豊かな学びを引き出すことができません。「よく飛ぶ」の内容には、遠くへ飛ぶ、速く飛ぶ、長く飛ぶ……いろいろな飛び方があります。それをひとつにしぼってもいいし、全部認めてもいいでしょう。子どもがどのように決めるのかは子どもに任せます。この単元構成の方法だと、子どもは単につくるだけではなく、考えてつくるようになり、その思考の中に学びと学び合いを生み出すことができます。

生活科は図画工作科や理科と異なり、同じものづくりをするにしても創意工夫のあるものをつくるのではなく、科学的な原理を知るためにつくるのでもありません。自分が実現したい機能をより高めるために、これまでの知や経験を活かし、ものに働きかけ改造するところに学びを見出します。つまり、「つくる」ことよりも「つくりかえる」ことに学びを見出すのが生活科のものづくりなのです。

生活科の単元構成の方法

① いろいろな教材を用意して、子どもの学びの契機を増やす
② 子どもが持ち込んだものから授業や単元をつくる
③ 方向性を決めて、チャレンジする！

2－5. 生活科の単元の展開

生活科の単元はどのように展開していけばいいのでしょうか。生活科の単元の要となるのは教材でした。そして単元とは「教材の有機的なまとまり」を指します。そこで、教材を見ていけば単元の様子がよくわかります。教材には2つの性質があります。

ひとつは、単元の中では教材が連続していなければ、子どもの学びがつながらず「有機的なまとまり」を形成することができないということです。教材が単発で登場しているだけでなく、何か教材と教材をつなぐストーリーが必要です。そのストーリーが単元の展開を支えていきます。「有機的」というのはこうしたストーリーが描けているということです。例えば、子どもが持ち込んだもので授業をするにしても、どんぐりや木の葉、虫を持ち込んできたとすれば、そこに「秋」という季節をストーリーとして描くことができます。また、どんぐりや木の葉を使って何かをつくる、虫を飼育するための設備をつくるなど「つくる」というストーリーを描くこともできます。教材がそのストーリーによって意味を持ったまとまりになるように単元の展開を考えていきます。もちろん、子どもと相談して単元の展開を考えるのもいいでしょう。大切なことは教材と教材が連続しているという「連続性」を自覚し単元を展開することです。

もうひとつは、教材がただつながっているだけではなく、教材によって単元の学習を進めるほどに、子どもの学びが広く、深く、大きくなることが大切です。できたからおしまい、活動したらそれからは見向きもしない、というのでは味気ないですね。その教材で学ぶことによって、子どもたちのものの見方・考え方が変わってくことで、次の活動へと広がっていくという「発展性」が必要です。

【参考文献】

益地勝志『生活科単元構成と展開の工夫』初教出版、1987年

益地勝志編著『生活科単元づくりの工夫』大日本図書、1988年

竹内常一『日本の学校のゆくえ』太郎次郎社、1993年

嶋野道弘『ちょっとチェックを！生活科学習指導論』東洋館出版社、1996年

嶋野道弘編著『実践からつくる生活科の新展開』東洋館出版社、1999年

松本勝信編著『生活科教育の実践的理論とカリキュラム・授業―生活科教育法―』（1年の指導計画と実践、2年の指導計画と実践）現代教育社、2002年

第3章

生活科の授業の構造

3－1. 生活科の授業の特徴

生活科の授業は他の教科と比べて、その仕組みが大きく異なります。通例の教科では、学習指導要領ないしは教科書の指導書に示されている目標をもとに、教科書を主たる教材として扱います。教師は教科書に書かれていることをいかにわかりやすく、かつ楽しく子どもに伝えるのかを中心として授業をつくります。その中でも、自作のプリント教材を使って授業をしたり、実物を持ちこんだり、子どもの学びに適合した教材や教具を自作して、工夫した授業の促進を図る先生はたくさんいます。授業づくりにおいて、目標や内容がどこか別のところで定められていて、教師がやるべきことはその目標をいかに達成するかという方法の工夫であるとするならば、教科書を教えればすみます。それでも授業を進めることはできますが、それだけでは、創造的な授業をつくり出すことはできません。授業というのは、子どもと先生が向き合い、お互いが切磋琢磨して対話を重ねることで、豊かな学びに到達する創造的な営みです。特に生活科は、子どもの生活を対象として取り上げる教科なので、他の教科のように「教科書を教える」というスタイルでは授業をつくり出していくことができません。そこで、これまであった授業の構造（授業の骨組みとなる要素とその諸関係）を組み替えていかなければなりません。

3－2. 生活科の授業をつくる3要素

生活科の授業は、教育目的、教育目標、教材の3つの要素から構成されていると考えれば、授業づくりが上手く説明でき、授業づくりを進めていくことや反省的に省察することができます。

まず、教育目的（aim）です。教育目的とは、「何のために教えるのか」(子どもの側から見れば「何のために学ぶのか」)という意図です。子どもが学びの意図を自覚していれば、学ぶことに意欲的になり、自らこうしたい、こうしようという学びへの主体性が生まれます。逆に、教育目的が見えにくいと、子どもは「次は何をすればいいの」という問いを持ち始め、先生が指示しなければ動けなくなってしまいます。ここで注意しなければならないのは、教育目的が子ども自身以外のところから強烈に与えられてしまう場合です。生活科を学ぶ低学年の子どもは、大人から学ぶべき意図を強烈に与えられてしまうと、それを信じ込んでしまいやすいのです。たとえその意図が見えなくても、教師や親から「こうしなさい」と言われ続けると、そうするものだとして受け入れてしまいます。例えば「きちんと並びなさい」と常に整列することを厳しく要求していると、いつしか整列することができるようになります。しかし、それでは教師から言われているからやっているだけであって、子どものものにはなっていません。そうではなく、きちんと整列すると気持ちがいいだとか、スムーズに動けるようになるというように、並ぶことには意味があることを伝えていき、子どもたちがその意味を理解したり、感じたりして自分自身の成長につながるという自覚を持った時に初めて子どもの学びとなります。低学年の子どもであるからこそ、最初に先生が要求していることの意図や意味を知らせ、子どもがそれを受け入れるという関係をつくっておきたいものです。教育目的を子どもに自覚させるというのは、学校での生活や活動には何らかの意図や意味があり、そのために学ぶからこそ自分たちは成長することができるという観念を抱きます。そして、学びへの意図を想像できる子どもに育ちます。そのためには、授業の第一の要素として「教育目的」があり、それを子どもが自覚するということが大切になってきます。

次に教育目標(goal)があります。これは授業ではよく「ねらい」と言われるものに相当します。その日のその授業では、何ができればいいのか・何がわかればいいのかという到達点(goal)を示すということです。これは到達点になるので、はっきりと到達したかどうかわからなくてはなりません。例えば「ウサギと接して〜な気持ちにさせる」というような授業のねらいを見受けることがありますが、気持ちになったかどうかをどうやって判断するのでしょうか。そもそも「気持ちにさせる」というように、人の気持ちをコントロールすることができるのでしょうか。学校で飼育しているウサギを抱っこして、「温かかった」とか「ピクピク動いていた」という気付きを得ることはあっても、だからといって誰しもがウサギに好意を抱き、やさしい気持ちを抱くとは限りません。中には生き物に触れて「緊張した」という子もいるでしょう。それはねらいから外れていることになり、学んでいないと評価されることになるのでしょうか。また、気付きについては個々の子どもによって異なるでしょう。それを「このように気付かなければダメ」とするのでしょうか。そうした個々の子どもによって異なる学びの内容を共通の到達目標とすることはできません。この場合で言えば、「ウサギと接して、自分なりの気付きを得ることができる」というのが正しい目標でしょう。そこまでが共通点として全員に到達して欲しい目標（内容）です。子どもが得た気付きは、言葉や絵などさまざまな表現によって表出せさることができます。その結果、ある種の気持ちが芽生えるかもしれません。それはあくまで結果で、授業の到達点として全員が抱かなくてはならないものとは異なります。気付きを得て、そのこと表出させて、そこから個々の学びを引き出し、交流し合うことによって個々の学びを価値づけるというのが教育目標（教育内容）、すなわち授業のねらいとなるのです。

最後に、教材（Subject Matter）があります。これは「教育目標（教育内容）を具体物として顕現したもの」です。具体物であるからこそ、教材が一番わかりやすく、教材を見ることによって授業づくりができます。

生活科の授業の3要素
教育目的、教育目標、教材

教育目的	教育目標
教材	

3－3．教材の意味

教材とは、一般的には①授業するとき使う具体物であり、②教材はそれを通して教育内容を学ぶ媒介物であると理解されています。このような一般的な理解でいいのでしょうか。教育学を学ぶ上で大切なことは、こうした一般的な理解を改めて検討し直すことにあります。教材は、教師の教えと子どもの学びの媒介物だとすると、教育目標、すなわち「ねらい」は教材と別のところにいってしまいます。図に示すように、教師は教材を媒介として子どもの前に立つことができるので、問題ないようですが、ねらいはその関係と別のところから与えられるようになるのです。そこでは、その教材で何を教えるのかという教育内容（教育目標）ではなく、「どう教えるのか」という教育方法に関心が向いてしまいます。そうすると、教師の仕事は誰かが決めた教育目標（教育内容）に基づき教育方法を屈指して教えるだけの、いわば「下請け仕事」になってしまいます。それでは、教師の創造性は生まれてきません。そこで、教材の定義を組み替えてみます。

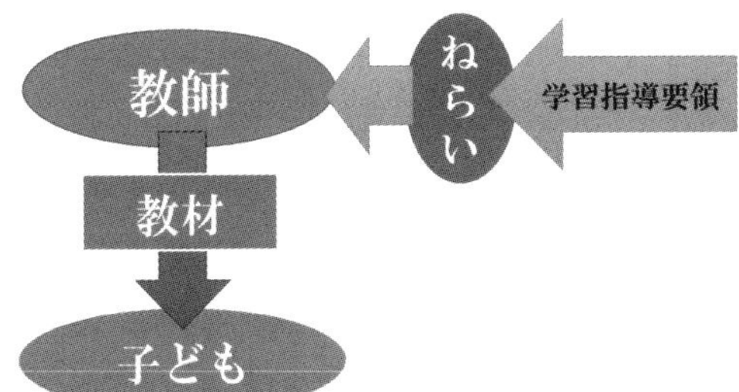

教材：教育目標（教育内容）を具体物として顕現したもの

こうすると、教育目標（教育内容）、すなわち「ねらい」と教材の関係が対等になります。教育目標と教材を対等に考えれば、もし、その教材で授業が上手くいかない時に、教材ややり方だけではなく、教育目標（教育内容）すなわち「ねらい」をも修正することができるからです。

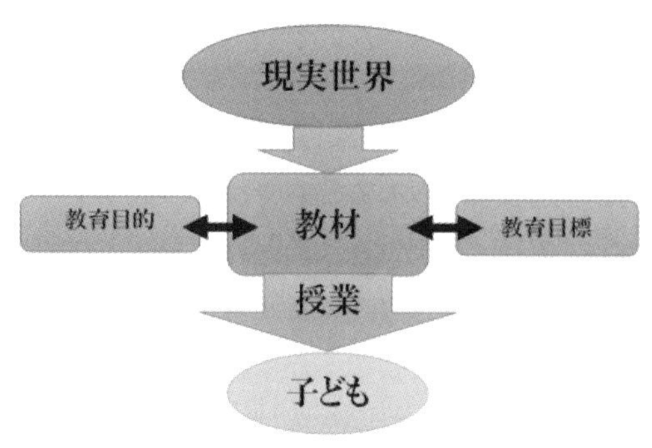

これは生活科の授業づくりでは大切なことです。生活科の授業では、教材は生活を対象として選びとられます。その際に、必ずしも教師の抱いた「ねらい」と子どもの学びが一致するとは限りません。子どもが、授業の中でこれをこのように学びたいと願っていることと、教師がこの「ねらい」で教えたいとすることが必ずしも一致しているとは限りません。子どもの願いは個別であり、子どもの学びの方が教師の設定した「ねらい」よりも豊かである場合が多いのです。

3－4．生活科の教材と教育目標

生活科の教材の基盤となる子どもの生活の中には、教材にすることができる素材はたくさんあります。しかし、生活にあるそのものは、そのままでは「素材」にすぎません。これを教材化していく必要があります。まずは、素材から逸脱するために、教材は教育目標（ねらい）が見えるような設定にしなければいけません。逆に、教育目標（ねらい）がみえないのが、「よくない教材」ということになります。例えば、「○○となかよし」「まちたんけんにいこう」という「ねらい」をしばしば目にすることがありますが、これはよくない。双方とも、何をするのかということが書かれているにすぎず、何を学ぶのかということが書かれていません。例えば、「春となかよし」では、春という季節を対象として、何らかの良好な関係を築くのだろうということが見えてきます。しかし、

「なかよし」では、その関係がどのようなものなのかはぼんやりとしか見えてきません。さらには、季節という自然と子どもが「なかよし」になるということが具体的にはどのようなことなのかも見えてきません。授業の方向性は見えているのですが、到達点が見えていないのです。そのため、柔軟に授業をつくることができるかのように見えますが、到達点が明確に示されていないため、子どもたちは「なかよし」になるということがどのような意味があるのかということが見えないまま、活動を強いられることになります。これでは、勘のよい子どもや経験のある子どもは学ぶことができるのですが、そうでない子どもにとっては、頑張るとか、努力するといった活動の量的側面だけが強調されることになります。教育目標が明確でなければ、子どもにとっては何をしていいのかわからないままの活動になるか、先生の言われたことを行うだけの主体性が欠落した活動になってしまうでしょう。低学年の子どもはそれでも頑張って活動してしまいます。子どもたちが活動に取り組んでくれるために、授業が上手く進んでいるように見えてしまうのです。そのような授業では、教師は子どもの活動の意味や子どもの願いに想いが至らなくなり、子どもの学びが見えなくなってしまいます。

「まちたんけんにいこう」も同じです。町探検に出かけるという活動は見えるのですが、そこで目指すべき教育目標（教育内容）が見えてきません。そのため、子どもたちは、嬉々として探検活動に出かけているのですが、学びとして何を得てくるのかは子ども任せになってしまいます。ここでも同様に勘のいい子ども・経験のある子どもは学びを得てきますが、そうでない子どもにとっては活動の意味が見えず、ただ活動するだけに留まってしまい、関心を持って街を探検するという学びにつながる活動にまで到達することが難しくなります。

これまでにも、このような状態を指して生活科は「活動あって学びなし」という批判を受けてきました。それは、教育目標（ねらい）を反映させた教材ではなく、活動が取り上げられているにすぎず、活動の方向性は見えるものの、活動の到達点や意味が見えなかったからです。生活科は子どもの学びを大切にする教科であり、他の教科のように到達点を示してそこに追い込むのではなく、子どもの活動を重視して、そこから派生する子どもの学びを取り上げる教科であるという考え方もあります。しかし、学校で行う活動には必ず意図があります。それに基づいた到達点を示されなければ、子どもたちが学んだことを評価したり価値付けたりすることができません。活動はしても学びとして子どもに残るものがなくなってしまうばかりではなく、何をすればいいのかわからない子どもが出てきます。そこで、「まちたんけん」に行く意図を明確にして、そのためにふさわしい町のどこを、どのように探検するのかを子どもと相談して探検の目標を決めていく必要があります。地域の特徴的な様子にふれるために商店街に出かけていくとか、通学路の安全を確かめるために道路標識や信号などを探すとか、子どもに到達させたい学びと、それに見あった探検すべき対象を絞って、町探検に出かける必要があります。何となく街に出かけていき地域の特徴を探るだけでは教育目標を子どもに丸投げしているにすぎません。

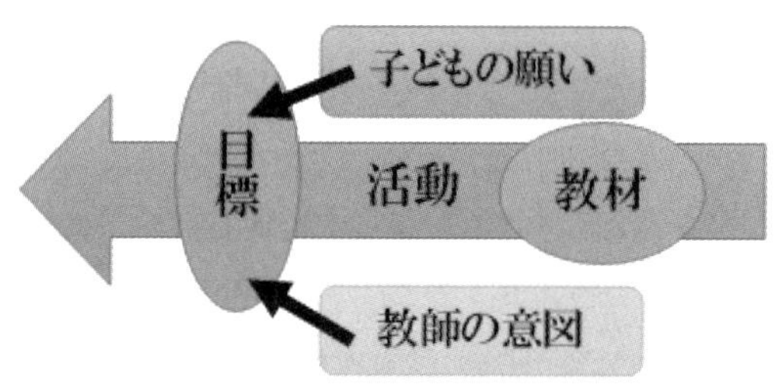

3－5．生活科の教材づくり

生活科の教材づくりには段階があります。第一は、生活の中にある素材に注目するという段階です。子どもが生活の中で何かに注目するためには、放っておいたり、子どもが気付いてることに鈍感であったりしてはなりません。子どもが注目することができるようになったり、子どもが注目したことを表明したりすることができるように、教師が手立てを講じておくことが必要になります。

第二は、その素材と子どもの関わりが変わることです。素材に注目した子どもが、自分から進んで素材に関心をもって、関わろうとするようになるということです。この段階では関わろうとはしますが、どうしていいのかわからないことがあります。そうした時には、教師からのちょっと背中を押してあげるような指導が必要になります。

第三は、子どもが素材と関わる活動を始めることです。活動はさまざまな形で起こりますが、継続することもあれば、ちょっと活動したら消えていくこともあります。活動が継続するために必要なことは、子どもがその素材に関心を持つということです。ここで肝心なことは「興味」ではなく「関心」を持つということです。興味は、その素材に対しておもしろそうだなと思うことです。そのため、素材に目は向いているものの、どうこうしようというまでには至りません。これに対して関心を抱くというのは、その素材に対して問いをもって接することができ、その問いを解き明かそうとすることです。問いを持つということは「それをそれとして見ないこと」です。当たり前だと思ってしまうとそれ以上には学びは深まりません。「どうして、そうなの」という問いを持つことで学びが生じてきます。低学年の子どもは、大人に比べて常識だと思っていることが少ないため、「どうして、なぜ」という問いを数多く抱くことができます。そうした意味では、低学年の子どもの問いに応えていくことは、子どもたちに多くの学びを得させるチャンスにあふれているとも言えるでしょう。

第四は、子どもが素材と関わる中で気付きが生まれる段階です。第三の段階で問いをもって素材と関わり、その問いに一定の答えを出すことができた段階が第四になります。この答えに満足してしまえば、子どもの活動や学びはそれで終わりです。子どもが素材に関心を持ってくれても、子どもの中で納得してしまえば活動は持続しません。教科の教育で言えば、計算のやり方が分かった段階に相当するでしょう。計算のやり方が分かったと自覚していても、計算ができるわけではありません。そこで練習問題をいくつか解いて、計算ができるようにします。生活科では一定の答えが出たとしても、その答えに飽き足らない状態にあり、新たな問いが生まれたり、違った視点から見たりすることが必要になります。この段階に至って、初めて素材が教材となる可能性を見出すことができます。それは、この段階になるとひとりの子どもの関心を超えて、子どもたちの関心を呼び起こし、協働して学ぶことができるようになるからです。

第五は、当該素材から学ぶことの価値を学級の子どもたちに伝えることができる段階です。子どもたちや教師がこの素材に関わり活動することで得るものには価値があると思い始めたら、その素材は教材となります。そこには、何のために学ぶのかという教育目的が価値として子どもたちに自覚され、その価値を実現するため自分たちは何をすればいいのかという到達点が見えてくるようになります。ここに至り教材が教育目的や教育目標を具体物として顕現したものという定義に合致した状態になります。

生活科の教材の段階

1. 生活の中にある素材（素材そのまま）
2. 素材と子どもの関わりが変わる（関心をもって見るようになる）
3. 子どもが素材と関わりを持ち、活動を始める
4. 素材と関わりを持ちながら、気付きが生まれ、素材と関わる中で、子どもに一定の答えが見出され学びが生まれる
5. 周りの子どもに自分が学んだことを伝えて価値付けることができることによって教材化する

【参考文献】

今谷順重編著『子どもが生きる生活科の授業設計』ミネルヴァ書房、1994年

津幡道夫編『生活科活動デザイン』東洋館出版社、2008年

田村 学『今日的学力をつくる新しい生活科授業づくり』明治図書、2009年

關 浩和『生活科授業デザインの理論と方法』ふくろう出版、2011年

關 浩和『生活科授業デザイン論』ふくろう出版、2015年

第4章

教材づくり

第3章で示したように、生活科の授業では教育目的、教育目標、教材の３つの要素の関連という観点を持つことが必要です。その上で、子どもの目の前には教材という具体物が教育目的や教育目標を担いつつ現れることを理解する必要があります。そのため、教師はよりよい教材をつくり出すための教材研究を行うことから授業づくりに取り組むことになります。第4章では、教材づくりの具体例と教材研究について考えていきましょう。

生活科の教材づくりには３つのルートがあります。

生活科　教材づくりの３つのルート

① これまでの教育実践で確かめられてきた教材
② 生活の中から自分自身でつくり出した教材
③ 子どもが教室に持ち込み、子どもの手によって生み出される教材

４－１. これまでの教育実践で確かめられてきた教材

最初に挙げた、これまでの教育実践で確かめられてきた教材はこれまでの教育実践を検討することによって見出すことができます。ただ、注意しなければならないのは、教材をひとつのコンテンツと見なして「その教材を使えば授業がうまくいく」ものとして見てはいけないということです。教材が子どもに受け入れられて、子どもの学びを生み出すにはいくつかの条件があります。その条件は、参考にした実践と自分のクラスでは異なることが大半です。そのため、その実践からヒントをもらい、それをヒントに自分なりに教材をアレンジする必要があります。自分のクラスだったら子どもはこういう反応をするだろうなと想像力を働かせ

て考えます。

その条件というのは、第一には子どもにとって学ぶ必然があるかということです。よく、教育実習生などの授業で、子どもの実態と関係なくいきなり子どもに教材を示すことがあります。「これから～をします」と言われても、子どもは唐突で戸惑ってしまいます。また、実際に活動したとしても、身に入らないで形だけになってしまいます。子どもがどうしてその教材を使って学ぶ必要があるのか、それを学ぶことが自分にとって意味があるのかといった、学びの必然があることが必要です。第二には、学ぶことを自分事として子どもがとらえられているかどうかです。自分で学びたいと意欲を抱いたり、自分で大切だと考えたり、自分がおもしろいと思ったというように、自分事としてとらえることができるということが必要です。先生が言うから、教科書に載っているからというような他律的な考え方では、それがどんなにいい教材であっても、子どもはその価値に気付くことはできません。そのような場合は、教師が「これが大切だ」というように、子どもの気付きを先回りして示したり、子どもが学ぶべき大切な価値を奪ってしまったりすることになります。教師が自分で問いを出して、自分で応えている自問自答の授業では、授業が茶番劇になってしまいます。

よく、子どもの興味を大切にしたいと思う方がいますがそれは違います。子どもの興味は、教材や教育内容によって湧き上がってくるものです。子どもの興味を引きつけるために教材を用意するのではなく、教材の魅力に気付かせることによって子どもの関心を引き出すようにします。子どもの興味はひとりひとり異なっているので、合わせようがありません。教材に対して、個々がそれぞれに興味を抱くようになるのです。「子どもの興味を引くために教材を用意する」といった本末転倒にならないように注意したいものです。

4－2. 生活の中から自分自身でつくり出した教材

次に生活の中から自分自身でつくり出した教材、つまり、教材開発について考えます。新しいものを生み出すと言っても、必ず自身が経験したことから何かを得ており、まったく未知な状態からつくり出すことはできません。この時大切なことは、教師自身の興味関心よりも、子どもの願いにどれだけ迫ることができるのかという視点を持つことです。大人と子どもの視点は異なるので、大人が良かれと思っても子どもはそうでない場合が多々あります。

生活科の授業で子どもたちと染めの活動をしました。障子紙を皮革用のアルコール染料で染めて、それを使って自分たちの生活科ノートをつくるという活動です。子どもたちはとても喜んで行い、予定していた枚数以上に染めを楽しんでいました。子どもに行ったこの活動を教員の研修でも行い、どこに魅力を感じたのかを問いました。結果は次のグラフのようになりました。

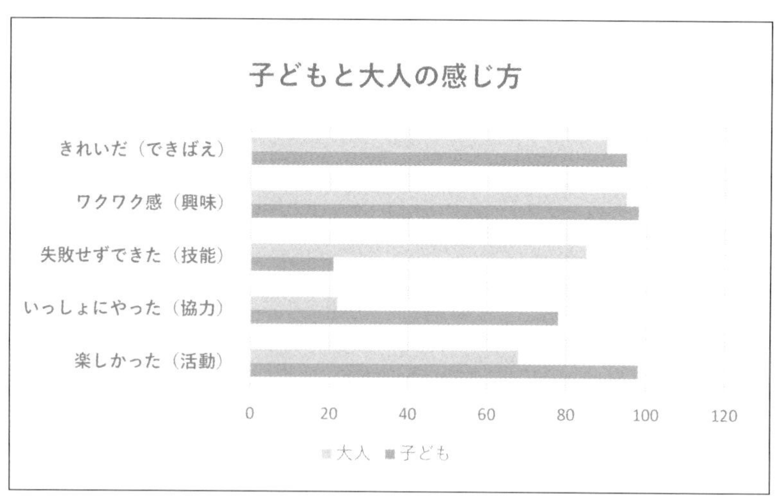

教師も子どもも結果としてできたものに満足しているという点では一致しています。そこから成果がきちんと得られることが大切だということがわかります。また、つくっていくときに感じるワクワク感は大人も子どもも同じだということがわかります。染めは出来上がるまでどのようになるかわからないという期待感が持てるおもしろさがあるようです。

一方、作業の容易さや失敗しないといった項目では、教師の興味は引き付けているものの、子どもはあまり注目していません。子どもにとっては作業が難しいことや失敗かも知れないという思いはこの教材ではあまり抱いていないようです

失敗に対するとらえ方も違っており、教師の方は変に色が混じってしまったり、型がずれて模様が上手く出なかったりしたことを失敗ととらえているのですが、子どもは色が混じってしまっても「邪悪な色ができた」と喜んでいました。また、型がずれてしまって模様が重なっていても「３Ｄになった」と自慢していました。大人はきちんとできていないということを失敗だと思ってしまいがちです。失敗のとらえ方が、大人は標準通りにできなかったことを失敗ととらえているのに対して、子どもは標準通りできなくてもおもしろいものができれば、それを失敗とはとらえていなかったようです。

子どもはみんなと一緒に作業することができたということに喜びを感じていました。ところが、大人は誰かと一緒に作業したことはあまり喜びにはつながらなかったようです。これは子どもが学級という普段一緒に活動している仲間との活動であったのに対して、大人は研修であり、知らない人同士のグループでの活動であったという条件が影響しているのかも知れません。

子どもはこうした染色のような活動を遊び感覚でとらえているのですが、教師はそのようにはとらえていません。子どもにとっては学びと遊びの違いはそれほど明確ではなく、楽しいものであれば遊び感覚でできてしまいます。たとえ授業であってもおもしろいから遊んでしまうこと

にはあまり罪悪感を持っていません。遊び感覚であるからといって学んでいないわけではないからです。ところが大人はそうした遊び感覚ではなく、研修という枠組みの中で行っているのだからというように、遊びと学びを区別してとらえています。研修での活動を遊び感覚で行ってしまう事には罪悪感を持ってしまうようです。

このように、子どもと大人の遊びや学習に対するとらえ方、すなわち遊び観・学習観は、大きく異なっています。そのため、教材研究をする際には大人が良かれと思っても、子どもは必ずしもそうはとらえていないと考えることが必要です。

4－3. 子どもが教室に持ち込み、子どもの手によって生み出される教材

大人だけが教材をつくり出すのではなく、子どもが教室に持ち込んできたものを基にして、子どもの手によって生み出される教材をつくり出すという方法があります。特に低学年はいろいろと教室に持ち込んできます。また、それが流行ったりもします。そうすると、そこには学びの芽があると考えられます。

子どもが持ち込んでくるものには、持ち込んでくるだけの価値があると考えます。子どもはその価値を説明してくれるわけではありません。そこで、教師がその価値を探り出す必要があります。では、「価値を探り出す」ためにはどうすればいいのでしょうか。

まずは、何を持ってくるのかを確かめます。子どもが持ち込んでくるものには、セミの抜け殻やドングリや野草と言った自然物があります。これはその季節になると目立って落ちていたり、咲いていたりするものです。こうしたものを持ち込んでくるのはそれが目立って多いとか、注目する特徴があるからです。そこには季節が関係していたり、気候条件などさまざまな自然の条件が関係していたりします。子どもが興味を

もって持ち込んできたものに対して「どうして、なぜ」に関する問いを投げかけることで、子どもたちの興味を関心にすることができます。例えば「どこにあったの」「たくさんあったね」「他にもどのようなものがあったのかな」というように、子どもが見つけてきたものが広がるように問いかけることで、より多くの子どもがさまざまなものを持ち込んでくれるようになります。

さらには、子どもが持ち込んできたものから、何を学ぶことができるのかを考えます。持ち込んできたものの共通点や特徴を見ていきます。例えば、どんぐりであればどんぐりゴマをつくる活動と単純に結びつけるのではなく、どのような種類のどんぐりなのか、どうしてそのどんぐりを持ち込んでくるのかといった点を探り、それが学びの対象、つまり教育内容にならないかを検討します。同じどんぐりでもコマにふさわしいものとそうでないものがあります。いろいろな種類のどんぐりを拾ってくることができるなら、「コマにするのにふさわしいどんぐりを集めよう」ということから授業を始めるのもいいでしょう。

子どもが見つけて、持ち込んできた具体物を素材として、そこに問いを見出し教育内容を抽出することができれば教材として子どもの学びを生み出すことができます。

【参考文献】

中山洋司『生活科手だて集』日本書籍、1991年

小宮山潔子『生活科教育法の展開』学文社、1996年

有田和正『生活科・教材開発のアイデア』明治図書、1997年

自然科学教育研究所編『見つける・つくる生活科』星の環会、1998年

第5章

教材研究

紙トンボを例として考える

教材を選択したり、つくり出したりした後には、目の前の子どもに適合したよりよい教材として活用するために、教材研究を行います。ここでは教材研究の例をひとつ示します。紙トンボ（紙でつくる竹トンボ）です。

竹トンボと言えば、子どもたちは飛ばすようにできることを願います。何かの機能を発揮するものであれば、その機能を果たさなければなりません。では、飛べばいいのかというとそうではありません。より高く、より遠くに、より長く……というように「より○○」ということを期待します。そこで、紙トンボを「より高く飛ばす」ことができるような教材研究をしてみましょう。

今回つくる紙トンボは、工作用紙を２cm×10cmに切ったものと直径４㎜のストローを使います。よく市販されている直径５㎜以上のストローでもつくってみましたが、大きな穴をあけなければならないため崩れてしまいやすいことや、ストローの重量が重すぎて高く飛ばないため、材料としては使いませんでした。このように、実際さまざまな材料でつくってみて、材料を選定するのも教材研究になります。この辺りから全て行うととても時間がかかるので、ここでは先行研究の成果を活用します。

紙トンボが高く飛ぶ理屈は、竹トンボと同じです。では、竹トンボが高く飛ぶのはなぜでしょうか。それは空気のある空間に回転した羽根が入ることにより、羽根を持ち上げる力（揚力）が発生するからです。揚力は羽根が水平であると発生しません。そのため、羽根をねじります。どのくらいねじればいいのかというのは、実際にやってみて経験的に把握します。

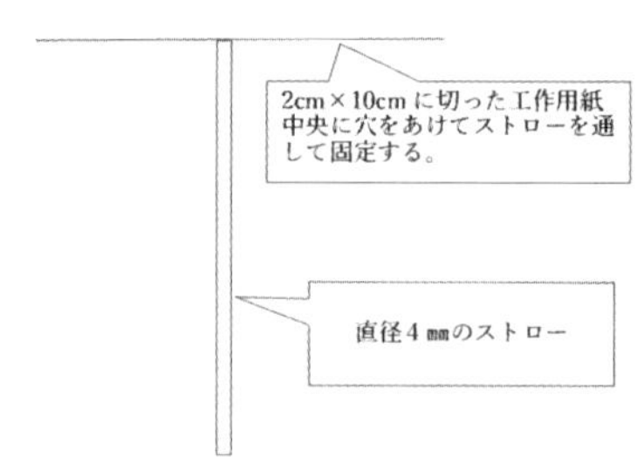

ストローを取り付け、羽根をねじると上方に飛ぶようになりますが、まだまだです。それは、羽根の重さとストローの重さのバランスがとれていないからです。そこで、ストローの先を少し切って軽くします。どのくらい切ればいいのかは、いろいろやってみましょう。バランスが合うとかなり高く飛ぶようになります。天井に届くくらい飛べばいいですね。

もし、ストローを長く切りすぎてしまったら、どうしましょうか。それで飛ばなくなっておしまい、では教材になりません。今度は羽根の方がストローより重くなったので、羽根を軽くしてバランスをとります。大きさは変えずに重さを変えるため長辺方向に羽根を切断します。こうするとバランスを崩して飛ばなかった紙トンボが再び飛びあがります。このように、一度機能を失ったものでも、修理すれば再度機能を復活させることができる、ということを学ぶことができるのも生活科の教材にとっては必要なことです。そのことを教材研究の際に自分自身の手でやってみる必要があります。

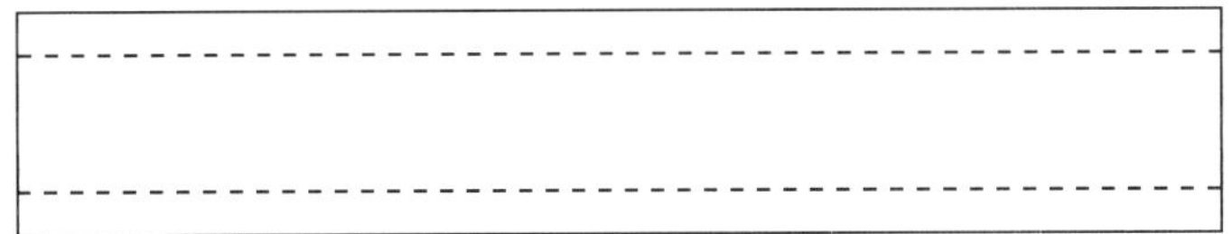

点線部分を切る

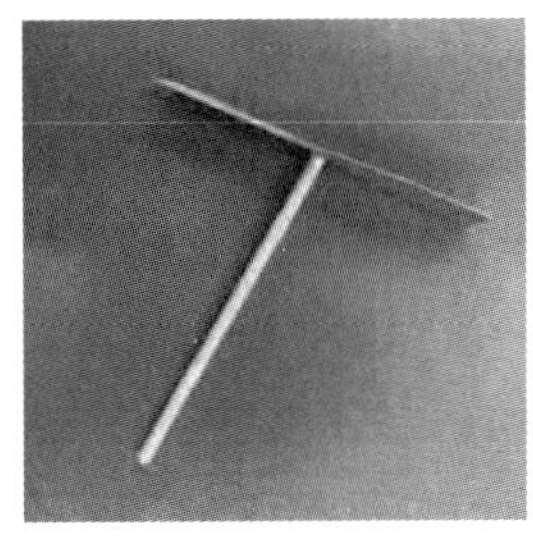

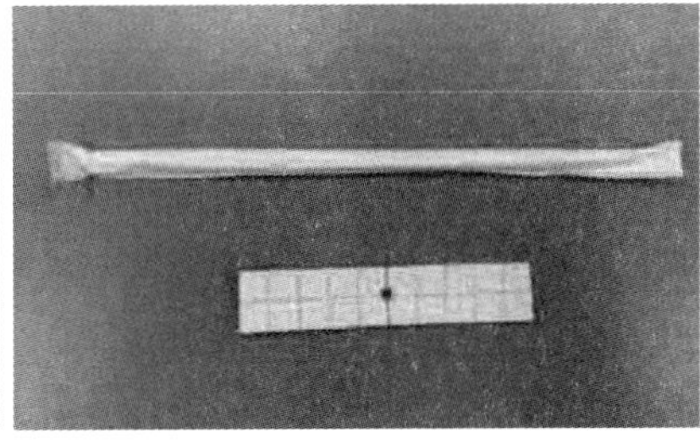

教材研究は時間がかかります。しかし、子どもたちが喜ぶ顔を思い浮かべながら考えるのはとても楽しいことです。とりわけ、クラスの中で、なかなか振り向いてくれない子どもの事を念頭に置いて、このような教

材だと、このような展開だと、こうすれば、その子どもが振り向いてくれるだろうという想定をしながら教材研究をすれば、その子どもだけではなく、より多くの子どもにも影響を与えることができます。ひとりの子どものつまずきは、さまざまな子どもに通じるものがあります。多くの子どもの要求に見合うように教材を準備するのは子どもが多様であるために難しいです。ひとりの子どものためにと考えて教材を準備するのは、ターゲットが絞られるため比較的容易です。ひとりの子どもを突破口として次々にさまざまな子どもに対応していくことは可能です。少しずつ、ひとりずつ対応していくのも教材研究としては大切なことだと思います。

子どもたちは、ただつくるだけでも喜び、進んで活動するようになります。ところが、それだけでは授業としては成立しません。そこには学びがあるのですが、そのままに放置されており学びの価値が位置付けられていないからです。生活科では、ものをつくる活動から出てくる子どもの気付きを取り上げて、教師が価値付けることで子どもの学びが生まれるように教材研究を進めていく必要があります。生活科の教材研究がなすべきことは、子どもの学びを価値付けられるように、教材の中に描き出される教育内容を見出して、それをいかにして伝えるかを考えることだと言えます。

【参考文献】

寺本 潔『子どもの内発力を引き出す生活科』（初教ブックス326）初教出版、1989年

中野重人ほか『教職研修総合特集No.85生活科教材読本』（読本シリーズ）教育開発研究所、1991年

白井忠雄他授業のネタ研究会『授業がおもしろくなる授業のネタ　生活科1』日本書籍、1991年

東京書籍編集部編『小学校図解生活科101の活動・教材』東京書籍、1993年

第6章

目標の設定

６－１．授業の構造から授業づくりを考える

先に、生活科の授業は①教育目的②教育目標③教材の３つから構成されているということを学びました。さらに、その３つの要素は、図６－１のように具体物である教材を土台として、残りの２つの要素がそこに上部構造としてのっているという仕組みになっていることを学びました。そこで、授業をつくる際には土台である教材から手を付けるようにするということになります。ところが、教材は教育目的や教育目標を内包しているため、この２つも視野に入れて選定した教材の中に、その２つがどのように反映されているかを確かめます。真の教材はこうして生まれます。このことを図示すると次の図６－２のようになります。

図6-1、授業の構造

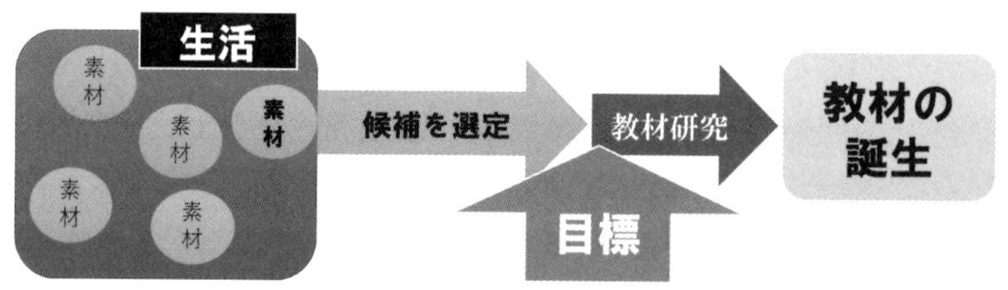

図6-2、教材の選定

まず、生活の中にある素材から教材になりそうな候補を選定します。次に選定された教材の候補は教材研究によってさまざまな検討や吟味、改良が行われます。この時、同時にこの教材で子どもに獲得させたい概念や知識、技能と言った目標を設定します。こうして教材の候補は教材として授業に使うまでに高められるのです。具体的に栽培を例にして考えてみましょう。

あなたが、生活科の授業で栽培活動に取り組みたいと思ったとします。今回は2年生とします。できれば、1年生の時に育てたアサガオとは異

なり、命の大切さだとか、お世話することの喜びといった情緒的なねらいではなく、社会で現実に行われている栽培と同様に、植物が育つことから、人間が食糧生産に必要な糧を得るという過程を子どもたちに体験的に学ばせたいという願いを持ったとします。そこで、どのような植物を栽培しようかと考えます。あなたなら、どのような植物を子どもたちと栽培しますか。これについては、いくつかの条件があります。栽培は自然物なので一定自然の法則に従う必要があるからです。

6－2．栽培の条件

栽培活動を行う季節が条件として挙げられます。今回は考えやすいように春から夏としましょう。この時期に育つ植物は数多くあります。冬を越す植物（例えば「麦」）だと、学校の場合は学年をまたいで実践に取り組まなければならないため、難しいです。1年生で教えた学級をそのまま2年生に持ち上がることができればいいのですが、必ずしもそうはいきません。そのため、冬を越す植物栽培はかなり困難です。

次に、栽培環境の問題を考慮する必要があります。広い土地があり、露地栽培ができる条件があるのか、それとも栽培に適した土地がないためプランターを用いるのか、こうした栽培環境によって、選定できる植物がある程度限定されてしまいます。また、今回のように食糧生産をしたい、何か収穫が得られるものにしたいというのであれば、結実が短期で行われ、それを食べることができるものとして野菜等が候補になります。

最後に、栽培の手立て・工夫によって、得られる収穫量が変わってくるものが先生の願いに合致します。子どもにとっても、自分たちがこのようにお世話したから、「こういう成果につながった」というように活動と結果が結びつくと、子どもは実感をもって学ぶことができます。これはかなり難しい条件です。

一律に並べると成長の様子が比べられる

子どもに最適だと思う場所を選ばせてもよい

1年生で育てるアサガオの栽培の時、「一生懸命水やりをしたらたくさん花が咲いた」となればいいのですが、現実には水をやりすぎることで、枯れてしまったり、成長に支障が生じたりすることもあります。むしろ、適当に水をやっていることで枯渇が生じて、より成長したり、花が咲いたりする条件をつくることになってしまう場合もあります。これまでの生活科では、子どもの頑張りや情緒的な学びを取り上げて評価する傾向がありました。そのため、情緒的な目標で活動させるだけでは偶然によって成果が左右されてしまいがちになります。例えば、これまで生活科では「○○となかよし」というように単元名を設定して、植物との情緒的な関わりを目標として設定することで、栽培活動を行うことがしばしば見受けられましたが、本当にそれでよかったのでしょうか。子どもたちは偶然によって左右されていることを自身の努力と勘違いしてしまい、「努力すれば報われる」という感情が育ってしまっていたのではないかと思います。栽培は人工的に植物を育て、成果を出すために行う活動ですから、実際には、合理的ないしは科学的に根拠のある活動をすれば一定の成果が出ます。やみくもに、頑張りだけでお世話をしても、成果が出る場合と出ない場合に分かれてしまい、うまくいった子どもだけが努力と成果がつながり、情緒的に学ぶことができるようになります。逆に、うまくいかなかった子どもは本人の努力が足りないというように成果のなさと努力の足りなさが結びついてしまい、学びから逃走させてしまう事にもなりかねません。これでは、努力しても学びにつながる子どもとつながらない子どもが生じてしまいます。このように、情緒的な目標を設定しても、そこに合理的・科学的な根拠がなければ、どの子も満足した学びを得ることはできません。

6－3．栽培の条件調整

栽培をする場合には3つの条件を調整する必要があります。3つの条件とは、土（土壌)、日光、水（肥料）です。これらの条件を子どもたちの手で調整することによって成果を生み出すことができる植物を教材として選定すれば、自分たちの活動と成果をつなげて考えさせることができるようになります。そこで次のように考えました。

栽培の条件

1. 土（土壌）

2. 日光

3. 水（肥料）

植物が実をつけるのは、光合成によるものです。光合成は葉で行われます。ということで葉の繁る野菜を教材とすることにしました。あわせて、光合成の成果が出やすいものとして光合成した結果結実する植物の中から根菜類を選びました。この条件が合致する植物として具体的には、二十日大根（ラディッシュ）を教材として選定することにしました。二十日大根は、播種してから結実するまでが約１カ月というように育成までの時間が短いのも魅力的です。もし失敗しても2度目に挑戦できるからです。

６－４．具体的な授業実践

こうして授業の目標は「同じ大きさのプランターから一番たくさん二十日大根を収穫しよう」ということにしました。単位面積あたりの収穫量を最大にするというのは、「育てた植物から糧を得る」という栽培本来の目的としては妥当性があります。そこに注目して、栽培条件を設定して育ててみようというのです。クラスをグループに分け、グループごとに同じ大きさのプランターを配布します。まずは、土ですが土は教員の側では用意せず、子どもに学校の中の土を使うけれどどこの土がいいだろうとたずねてみました。そこで子どもから出てきた土のサンプルを用意しました。子どもからは、A:砂場の砂、B:学校にある畑の土、C:築山の粘土、D:裏山の腐葉土の４つが出てきました。これに、E:縁の下の土を加えて、5種類の中から選定することにしました。子どもたちは手触りやにおい、湿り具合などを観察して自分たちの二十日大根を育てる土を選んでいました。結果としては、１番人気があったのはA:砂場の砂、次がB:学校にある畑の土でD:は1グループだけでした。CとEは選択したグループがありませんでした。理由は、Aについては手触りがよく、さらさらして水はけがよさそう。奇麗で清潔。軽い。栄養があるなどでした。Bについては去年お芋が育ったから今年も育ちそう。野菜は畑で育つものだから。日当たりがいいからでした。Cについては雨の日など水がたまっていたから水が溜まってしまうとか、硬いとか、ドロドロに汚れるからいやだという栽培条件に限らず、自分たちの手や衣服の汚れを気にする見解がありました。また、Eについては水に濡れていないとか、かび臭いという見解がありました。Dについては、二十日大根はカブに似ており、腐葉土は「カブトムシのにおいがして『カブ』と『カブトムシ』できっと育つ」、というしゃれのような感覚で選択していました。

それぞれのグループで使用する土が決まり、土を採取してプランターに入れたところで、種を配布しました。種は同一の品種として、播種する数は子どもに決めさせました。最大30個で最少は1個という条件にしました。グループで相談した結果、30個すべてを蒔きたいというグループ、ひとりひとつとして6個播くグループ、1点豪華をねらいひとつとするグループに分かれました。最後にプランターを配置する場所を選定させました。教室の前だと観察しやすくお世話しやすいと手近な場所を選ぶグループ、ベランダの日当たりのよいところを選ぶグループ、畑がいいと畑の真ん中を選ぶグループなどがありました。

播種を終え、毎日の水やりをしていると最初に芽が出たのは砂場の砂でした。これは播種した種の数に関わらず芽が出ました。砂場の砂を選択したグループは大喜びでしたが、その後、芽は枯れてしまいました。畑の土はさらにその後に芽を出し、育っていきました。最後に芽を出したのは腐葉土でしたが、とてもしっかりと太い芽が出ました。ここで砂場の砂を選んだ子どもたちは全部枯れてしまう前に、腐葉土や畑の土に植えかえていました。子どもたちは、土によってこれほどまでに成長に差があることを実感として学びとっていました。

さいしょ、すなばのつちがたくさんめがでたので、いいなとおもっていたら、げんきがなくなってきたので「え～」とおもいました。つぎにはたけのつちがめがでたので、「あ～」とおもいました。さいごにぼくたちのはんのうらにわのつちからおおきなめがでたので「おおー」とおもいました。ぼくはみずやりがたいせつとおもっていたのですが、つちでこんなにちがうのでびっくりしました。

さらに、育てていくと、たくさん播種したものは葉が大きくなりませんでした。これに比べて1個だけ播種したものは明らかに大きく育っていきました。この違いについても子どもたちは注目しました。ところが、収穫した際に問題が起こったのです。たくさん播種したグループは個体としては小さいのですが、ひとつひとつの重さを図って合計するとかなりの量になるというのです。これに対して、1個だけ播種したグループは自分たちのものが一番大きいことを主張しました。ところが、この単体の重さを図ってみると、たくさん播種した班の合計には届かないことがわかったのです。もともと「一番たくさんとれた班」を優勝としていたので、何が一番なのかで議論になったのです。その時6個植えた班は、私たちのところは大きさも重さもどちらもそろっているから私たちが一番であるという主張をしました。子どもたちの主張は平行線でお互い譲りません。そこで、本物の農家の人はどう考えるのかを聞いてみようということになりました。この時、ひとりの子どもがあることに気が付きました。自分たちで栽培しているので気になってスーパーにいって二十日大根を探しました。すると、どこのスーパーに行っても同じ大きさのものが売られていたのです。本物の農家の人は大きさを決めて育てているではないかというのです。確かに、スーパーに行って二十日大根を買うと、どこのスーパーで、いつ買ってもすべて同じ大きさのものを売っています。しかも、これは6個植えた班のものとほぼ同じなのです。どうしてだろうということになりました。農家の人に聞くと、小さいものは食べられる部分が少なく売り物にならない、大きなものはいいのだけれど、収穫できる量に限界がある、そこで、大きさが手ごろで数も収穫できるようにすると、スーパーで売っている大きさが一番いいということになったということでした。子どもたちは、収穫量と大きさと両方を考えて育てていること、それを人の手でコントロールしていることにとても驚いていました。

ぼくははじめ大きなものが一番だとおもっていました。ところがちいさくてもたしざんするとたくさんになるというのでびっくりしました。こんなところにたしざんがあるとはおもいませんでした。
もっとびっくりしたのは、のうかのひとがおおきさとかずのりょうほうがだいじだよといったことでした。おかげで、うっているやさいが、どうしてみんなおなじおおきさなのかがわかりました。さいばいってすごいです。

【参考文献】

歴史教育者協議会『どうする！生活科』あゆみ出版、1989年

教育科学研究科会　白井嘉一、三石初雄編『生活科を創りかえる』国土社、1992年

内藤博愛『新しい生活科の授業デザイン』明治図書、2009年

秋田喜代美『学びの心理学』（放送大学叢書）左右社、2012年

第7章

指導案づくり

7－1．指導案づくりの基礎

第7章では指導案の作成方法を学びます。通例、研究的に授業する際には指導案を作成します。また、教育実習などで自身の授業を反省的に省察して、自分自身以外の人とも学び合ったり、指導してもらったりする必要があるときに指導案を作成します。指導案は自分自身の授業の構想を立てたり、授業の計画を練ったりするものではありません。授業を実施した後に、複数で研究協議を行う際の資料となるものです。そのため、研究協議に役立つようにつくられていなければなりません。

7－2．指導案の形式

指導案にはこれと言った形式はありません。地域や学校、教科等でそれぞれ特有の形式を持っています。そのため、指導案に記載する必要があるものは形式によって異なります。とはいうものの、授業研究に役立つためには最低限次のような項目が必要だと思います。

① 生活科指導案　という表題

どの教科の指導案なのかを示す必要があります、そのため表題は「〇〇科指導案」として教科・領域名を入れます。

② 単元名

授業をつくるにあたってはその1時間だけを考えるのではなく先に述べたように単元を想定します。はじめに単元の名称を記載します。単元とは「教材の有機的なまとまり」と定義されています。「有機的」とは、一定の文脈性（ストーリー）の下に個々の教材のまとまりがあるということです。

③　単元設定の理由

単元は現場の教師が子どもたちを目の前にして自身で設定することができます。そのため、教師がどのような意図で、どういう文脈を描き出しているのか説明する必要があります。教師の思い付きやおもしろそうだからというのでは、単元設定の理由にはなりません。この単元を設定した根拠として、（1）具体的な教材が見えていること（2）子どもの成長に良い影響を及ぼすこと（3）子どもの生活の文脈と一致していること（4）教育内容が明確であることが必要になります。

④　単元計画

次に単元全体の計画を書きます。単元計画は各時間の目標と教材、評価などを書いて表にするのが通例です。

⑤　本時の目標

本時（授業をする時間）の目標を書きます。できれば、箇条書きではなく主語と述語を明確にした文、ないしは文章で書くことによって何がどうするといった到達点を明確にするように書きます。この時、「理解する」とか「気持ちになる」といったような具体的な到達点を明確にすることができない、学習の方向性を示した「方向目標」ではなく、「○○ができる」「○○を知る」といったように到達点を明確に示して、到達したのかどうかを評価することができる表現にします。評価になじまない心情的な目標ではなく、行動や知として描き出すことが可能な目標にします。授業では目標の設定はとても重要になります。目標の設定には教師の意図や願いが込められています。しかし、ここではそうした意図や願いではなく、具体的な到達点を示します。評価できない目標は妥当性がありません。

⑥　子どもの様子

授業をするクラスの子どもの様子を書きます。この項目では、このようなことに関心があり、学びたいと思っているからこの授業ではこのようなことに留意したというように書いていきます。目標の妥当性を子どもたちの様子から裏付ける項目になります。子どもの様子を授業との関連で描いていきます。子どもの興味は指導の方法ですから子どもの様子で述べる必要はありません。

⑦　教材の特徴

先に述べたように、教育目標を具体物として顕現するのが教材です。ここでは教材の特徴を教育目標や単元としての文脈性（ストーリー）との関連から描きます。この子どもたちが目標の達成に向けて活動する際に、他の教材ではなくて当該教材がふさわしいということを述べていきます。ここでも子どもが興味を持つのは授業の展開によるので、教材と子どもの興味についてはあえて述べるまでもありません。

⑧　本時の展開

本時の展開は表にして示します。表の項目についてはさまざまな形式がありますが、（1）教師の指導に関するもの、（2）子どもの学びに関するもの、（3）評価や準備などに関するものの大きく3つにわけることができます。ここでは、シンプルに（1）指導項目（2）学習事項（3）備考の３つに分けてみたいと思います。

⑨　評価項目

最後に評価項目を記載します。評価項目は授業の目標と対応して記載します。評価については、到達したかどうかを明確に測定できるようにしておきます。教育評価は古くは教育測定と呼ばれてきました。その成果を測定できるものでなくてはなりません。しかし、評価のために評価シートやプリントを作成してそれに記入させるというのは正しい評価とは言えません。低学年の子どもはプリントなどに記入するためには相当の時間を必要とします。評価のためのプリントではなく子どもの学びを推進するためのプリントでなければなりません。

次項から指導案の作成例とそのコメントを掲載します。指導案は定まった形式はないものの学校や地域等では一定の形式を有している場合が多くあります。その場合は、当該の形式に沿って柔軟に対応する必要があります。

指導案例に付けたコメントも参考にして、自身の指導案を作成して下さい。

生活科 学習指導案

〇〇年〇〇月〇〇日（〇）

〇〇小学校 〇年 〇組

授業者 〇〇 〇〇

1.単元名 つくって遊ぼう

2.単元設定の理由

子どもはものをつくって遊ぶ中でさまざまな学びを獲得することはこれまで多くの実践で語られてきた。とりわけ、本単元では、ものづくりにおいて試行錯誤を繰り返し「改良」をすることで学ぶという学び様に注目して設定した。ただ、製作活動をするだけではなく、より機能の高いものをつくるためにどこをどうすればいいのか考えて、つくることを大切にした単元を設定する。

2.教材名 よく飛ぶ紙トンボ（紙トンボを天井まで飛ばそう！）

3.教育目的（授業者の意図）

小学校低学年の子どもにとってものをつくることは、子どもの要求にあった活動である。子どもは、具体的な教材から出発して、教材が遊びという子どもにとっての現実を通して再構成される中で学び取る。本授業では、紙トンボという教材を用いて、子どもの遊びを誘発し遊びの中で学びを広め、かつ深めてみたい。

指導案右手上部に基本情報を書く。
実施日、実施時間、実施教室、授業者氏名、実習生の場合は指導教員氏名などを書く。
この情報を見れば参観者が授業時にその場所に来られるようにしておく。

単元設定の理由には学習指導要領を引き合いに出すこともある。

教材は具体物とする。子どもに提示する際の名称を用いる。

教育目的は授業者の意図を書く。授業のねらいではなく、そのねらいで授業をするとどのようないいことがあるのかを書く。

4.子どもの実態

このクラスの子どもたちは、とても人なつっこく興味深げに接してくる。また、知的好奇心も強いようだ。掲示物を見ても、書く力もかなりのものがあると考えられる。感想を書く時間もしっかりと設けて、学びを言葉で示すことができる。活動的で、意欲的な子どもたちがどのように学んでくれるのか、楽しみだ。

学級全体の特徴を教師がどのようにとらえているのかを書く。場合によってはアンケートなどの事前調査を加えることもある。

5.教材の特徴

紙トンボという教材は、ただ形にしただけではよく飛ばない。紙トンボが高く飛ぶためには、回転によって生じる流れの中で羽根を持ち上げる揚力を発生させなければならない。そのためには流れの中で一定の傾角を有することが必要になる。適当な傾角は羽根をねじることによって生じさせることができる。子どもはより高く飛ばしたいので、自分の作ったものをつくりかえることで遊びが広がると同時に傾角の調整という技術的な工夫を実感することができる。さらに、羽根の大きさや形状などさまざまな改良を加えていくことで飛び方も変わる。こうした活動から学びが深まり、広がることが期待できる教材である。

教材の科学的・生活的な特徴を書く。素材そのものの特徴ではなく、教材として工夫しているところを書くようにする。

6.教育目標（授業の到達点）

はじめに、教師は基本的なつくり方だけを指導する。その際に、紙トンボを子どもの前で改良して高く飛ばすことができることを実証するが説明はしない。どうすれば高く飛ぶようになる

授業の到達目標をできれば文章で書く。箇条書きの場合は、主語述語が明確にならないので注意する。何をどうするのか、脈略が説明できるようになっているとよい。

かを子どもが考え、改良を繰り返すことで最初につくったものよりも高く飛ばすことができるようになることを目標とする。最終的には天井に届くくらい高く飛ばすことができるようにする。

7. 本授業の研究課題

子どもたちは、紙トンボに興味を示すと予想されるが、どのような部分に興味を示してくれるだろうか。子どもは授業を通して、教材の魅力をどのように意識したのかを参観者の方々とともに探っていきたい。

この授業で研究的に明らかにしたい点を書く。具体的に書き授業後の協議に活かせるようにする。

8. 単元の指導計画（全５時間）

単元全体の計画がわかるように一覧にする。

単元の指導計画	つくってあそぼう	全５時間計画
時間	教材名	教育目標
第１時	よくとぶかみトンボをつくろう	改良することにより、つくったものの機能を高めることができることを知る。
第２時〜３時	のびとびくんでまとにあてよう	輪ゴムの張力を利用して、まとに当たるよう制御することができる。
第３時〜５時	輪ゴム鉄砲をつくろう	輪ゴムを利用した鉄砲をつくり、遠くのまとに当たるように制御するよう改良されたおもちゃをつくる。

9. 本時の展開

指導項目	子どもの学び	備考
1. 導入	今日はおもしろいものをつくるよ。 子どもの前でつくって見せる。 見えないように改良してより高く飛ばして見せる。	工作用紙、ハサミ、セロテープ
先生は、紙の竹とんぼを高く飛ばすために何かをしました。 何をしたのか考えて、天井まで届く飛ぶ紙トンボをつくってみよう。		
2. 活動	子どもたちはいろいろつくって飛ばしてみる。 飛ばない？どうすればいいのか？ 友だちに聞く、見せてもらう、使わせてもらう、教えてもらう…協働作業を推進。	道具の確認（安全） 子どもの材料配布 机間巡視 予備をたくさん用意していくつでもつくれるようにしておく。
3. 討論	高く飛ぶ人とそうでない人の違いはどこにあるのだろう？	子どもたちの意見を聞いて、共有化を図る。 到達点の表示

この指導案では3列にした。教師の指導、子どもの学び、備考とした。必ずしもこの形式でなくともよい。

授業の導入は大切。子どもたちがこれからやろうとすることに関心が持てて、その意味を受け取ることができるようにする。今回は教師が子どもの前でつくって見せるが、それは見本ではなく改良である点がポイント。単なる模範ではなく、一度失敗してから改良する点に特徴がある。

初発の発問は授業全体の構成をつくる要となるため欄を貫いて目立つように書く。

活動については子どものトラブルシューティングを書いた。子どもが自分で困ったことを友だちを共有することができれば、子どもも教師も安心して活動することができる。

活動の中間に討論としてお互いの成果と課題を共有する時間を組み入れた。他の子どもの活動に目を向けさせたいという意図がある。

4.改良	飛ばなくなった紙トンボを復活させることはできるだろうか？	教師が示範する。
5.再活動	再度、挑戦する。	さらに改良する。
6.共有	自分たちがやってみた改良について提示して、学びを共有する。	感想の記入 つくったものに名前を書く。
評価	自分のつくった紙トンボをさいしょのものよりも高く飛ばすことができたか。 友だちの改良を知ることができたか。	子どもの感想や意見表明、つくったものの改良の様子から評価して子どもに返すようにする。

多くの子どもは失敗したらそれを捨てて、新しいものをつくり出す。その際に、失敗したものをリカバーできるという視点を与えるため教師が改良を示すようにした。

新しい取り組みの仕方を知ったうえで再度活動させることで、子どもの活動を広げるようにする。

到達度が明確にわかりように評価するが、評価結果を子どもに返していくことで子どもたちが学びを獲得できるように価値付ける。
ここで改良と結果をつなげて感じられるようにすることで行動の価値を示したい。

【参考文献】

朝倉 淳編『生活科教育学』協同出版、2002年

米山岳廣、池田仁人『生活科教育の基礎と実際』文化書房博文社、2013年

鎌倉 博、船越 勝『生活科教育法』ミネルヴァ書房、2018年

第8章

生活科の評価を考える

生活科は、他の教科のように知識や技能をペーパーテストで測定して、評価できるような教科ではありません。生活科では授業を通して子どもたちが活動することが中心となります。そこで生まれる気付きや学びの展開がどのようになっていくのかということを評価の基盤とします。そのため子どもの活動の様子を丹念に読み取っていかなければわからないといった即興的な側面があります。

また、教師が授業の目標を設定しても、子どもの学びがその目標と合致していたのか、その目標が正しかったのか、授業の目標の正統性がわかりにくいため、生活科の評価は難しいという話をよく耳にします。それは、生活科における子どもの学びと評価の意味が明確に理解されていないからです。

ここでは生活科の評価についての考え方を学びましょう。

8－1．生活科の評価の基本的な考え方

生活科の評価の基本となる考え方は、「評価」は「評定」と異なるということです。通例「評価」というと、子どもの成績をつけるための資料の作成をイメージすることがありますが、これは「評定」であって「評価」ではありません。「評定」はその子どもの学習の成果を一定の基準に基づいてA、B、Cのように度合いで示します。これは通知表や指導要録の記載の際に必要なことであり、「評価」ではありません。「評価」はこうした「評定」と意味が異なります。それぞれの教科に対応した「評価」の方法がありますが、通例は教科の教育目標と照らし合わせてその到達を確かめます。

ところが、生活科で「評価」というのは単に教育目標の到達を確かめるだけではありません。それよりも、子どもの気付きや学びを価値付け、子どもに返してあげることを「評価」としています。子どもたちは、生

活科の授業中にいろいろなことに気付き、学びます。その多くは、子どもに自覚されていないため、次々と生まれては消えていきます。子どもが自覚していないため、授業のまとめを書かせても、そこにはせっかくの気付きや学びが表現されないこともしばしばです。子どもが自身の気付きや学びを自覚するためには、教師は子どもが学んだことの意味を示し、価値付けていくことが必要になります。これが生活科で言う「評価」になるのです。

生活科の評価

教育目標の到達度を測定するだけではなく、
子どもの学びを価値付けること

8－2．授業における評価の場面

生活科では、評価が行われる必要がある場面は、授業の最後に行われるまとめや振り返りの場面だけではなく、子どもの学びが生まれる活動の場面となります。そのため、通例の教科のようにまとめの場面だけで、子どもの学びを評価することはできません。子どもは活動している時にさまざまなことに気が付きます。その気付きは、つぶやきによって表現されたり、行為によって示されたりします。そうしたつぶやきや行為に対して、他の子どもが何らかの反応を示したりすることがあります。それが賛意や賞賛であった場合に、ひとりの子どもの気付きや行為は子どもたちに評価され、受け入れられます。

また、賞賛とまではいかなくても、他の子どもが何らかの反応を示すと、その気付きや行為が子どもたちの間に広まっていくことがあります。そうした広まりの中に、子どもたちの学びが共有されていく可能性を見出すことができます。さらに、ひとりの子どもの気付きや行為に他の子どもが反応を示さなくても、教材の特質から見てそこに学びの可能性がある場合もあります。こうした子どもが反応を示したり、示さなかったりする場合にも子どもが学ぶことができる可能性があります。この時に、教師が気付きや学びを評価することによって、子どもたちの中に新たな学びを生み出すことができるのです。

ところが、ひとりの子どもの気付きや行為は、一瞬現れはするものの、すぐに消えてしまい、多くは子どもたちに意識されないまま通過してしまいます。教室では多くの子どもがさまざまな活動をしているため、必ずしも子どもが学ぶ場面に教師が出会うことができるとは限りません。そのため、子どもの気付きや行為の中に学びの基があり、それを契機として子どもたちの学び合いが生まれることはわかっていても、それらをとらえることができないという悩ましい状況に陥ってしまいます。たとえすべての気付きや行為を取り上げることができなくても、まずは、授業の中で、一瞬現される子どもの学びの片鱗を見出すよう努めて子どもを観察する必要があります。そして、そうした学びの片鱗を価値付けることによって、子どもたちの学びを充実させていくという体験を増やしていくことが教師にとっても子どもにとっても必要です。教師自身が子どもの気付きや行為を意識して子どもを見取り、それらを価値付けることこそが生活科における「評価」であることを充分に理解して、授業中の子どもを観察しましょう。

8－3．子どもの気付きや行為を価値付けるということ

では、子どもの気付きや行為を価値付けるというのはどういうことでしょうか。それは子どもの気付きや行為に意味を与えるということです。子どもは何となく気が付いたり、おもしろそうだなと思って手を出した

りします。その行為は、無意識に行われているわけではありません。かといって、明確な意味が意識されているわけではありません。しかし、そこには子どもなりに、気付きや行為に至った何らかの背景があります。その背景に想いを馳せて、子どもが気付いたことや行為に至ったことを、教師がきちんと学びとして位置付けていくことが「評価」になります。

子どもの気付きや行為は一瞬現れて消える
教師が学びとして位置付けることで、気付きや行為がいかされる

例えば、学校探検の場面で考えてみましょう。学校探検は学校の中を自由に動き回ることができるため、多くの子どもにとっては楽しい活動になります。ところが、この時「行きたくない」という子どもがいたら、困るのではなく、ここに新しい学びの価値を見出す契機があると考えて、この子どもに注目します。この子どもの学びの背景には何かの価値が隠されているからです。この子どもの話を聞いてみると、学校探検ではいろいろな場所に行くけれども、そこにあるものを触ったり、使ったりできないからつまらないというのです。確かにその通りで、学校探検では子どもたちの安全や学校の管理上の都合から、教室の位置は確かめてもその中に入れなかったり、そこにあるものには触れたりしないように指導していることが通例です。しかし、この子どもの要求は、知らない教室に入り、そこにある不思議なものに触ったり使ってみたりしたいということにあるのです。ただ、見るだけで満足するというのは低学年の学び様ではありません。この子どもの要求はあながち見過ごすことができない子どもの学びの契機を含んでいるということになります。子どもたちには実際に触らせたり、使わせてみたりする体験的な活動が、学校探検においても必要であるということに教師が気付くようになります。

このように、教師がひとりの子どもの気付きや行為から活動の意味をとらえなおすことで、これまで制限を加えていた学校探検の在り方を変

えることができます。子どもの学びを価値付けるというのは、このように子どもが学ぶことの意味を子どもの学び様に合わせて教師が理解して、活動を変えていくことなのです。

的外れと思われる気付きや行為にも意味がある

8－4．子どもの活動の背景の理解

他にも、子どもの活動には大人が常識とする考え方を打ち破るものがあり、そこにも背景があります。

これまでのものづくりの教育は、ものをつくることを主に教えてきました。そこには、破壊することや修理することは含まれてきませんでした。ところが、子どもはつくることと同様に壊すことにも関心を示していました。それを示す実践があります。

あるクラスで、土の学習をする一環として土で焼き物をつくっていた時のことです。焼き物が土からできていることを知った子どもたちは植木鉢を壊してみたいと言いだしたのです。子どもたちは、植木鉢を壊して、粉々にすると元の土にもどるのかどうかを確かめたいというのです。この学びの始まりは、自分が作った焼き物を壊そうとした子どもがいたことでした。

この子どもは、お気に入りの作品ができなかったので、作品を一度壊して土に戻し、土からもう一度つくり直してみたいというのです。ところが、子どもたちの中には、焼き物にしてしまうと、土には戻らないという考えと土に戻してつくり直すことができるという考え方があり、議論になりました。相談した結果、自分のつくったものではなく、既成のものを壊してみようということになり、いらなくなった植木鉢を壊そうということになりました。ハンマーで植木鉢を叩き、小片にした後、さらに叩きつぶして粉にすることまでできました。ところが、その粉に水を混ぜて固めても固まることはなく、焼き物を作る前の粘土にはなりませんでした。土に戻ることを期待してつくり直そうと思っていた子どもたちはショックだったようです。土に戻したいという想いを抱えていた子どもたちは、その後も接着剤を混ぜたりして何とか土に戻そうと活動を続けました。

授業で植木鉢を壊している、いわば破壊的な行為を進めている子どもたちの様子を見ていると、大人は生徒指導上の問題があるといった別の視点から考えて、子どもの行為を止めようとします。ところが、見てきたように子どもたちの背景を追いかけていくと、そこに学びの基があることがわかります。教師が子どもの背景を理解できず、壊す行為を否定してしまうと、そこには学びが生まれなくなってしまいます。大人の常識ではなく、子どもの想いをその背景も含めて受けとめ、位置付け、活動へと組織して、活動の中にある価値を学びにつなげていく「評価」が求められます。

子どもの行為だけではなく、その背景にも思いをはせるようにしよう

8－5．子どもの学びの契機をいかす

子どもの学びの背景に想いをよせ、背景を正しくつかむためには何をすればいいのでしょうか。

子どものつぶやきには、学びの基がたくさんあります。ある子どもが、「アサガオって冬は咲かないのかな？」とつぶやきました。子どもたちは誰も気にとめなかったのですが、教師はこの一言を聞き逃しませんで

した。教師はこのつぶやきを取り上げ、クラス全体に投げかけました。子どもたちの多くは「アサガオは夏に咲くものだ」「夏にしか咲いているのを見たことがない」「色が夏っぽい」というように「冬には咲かない」という意見でした。しかし、「スイカだって一年中売っているから、咲くんじゃないかな」という子どもがいました。

この時、教師は子どもに何かを学ばせようというのではなく、子どもたちが考えてくれることを期待していました。教師がねらっていたのは、こうした議論が巻き起こり、子どもたちがそれを確かめるための活動を始めることでした。生活科の授業づくりでは、教師が何かを教えようとすることよりも、子どもたちがひとつのことをみんなで考え、確かめ合うことを大切にします。このように生活科の授業を理解していると、どちらかわからないことを教師が教室で子どもに投げかけることで、議論を起こさせ、活動への切り口を示すことができます。議論にならずに全員が同じ見解になってしまうと、そこには活動が生まれません。そのような場合は、教師が対抗した意見を出して議論をつくりあげ活動へと導くこともできます。もちろん、議論の契機は教師だけではなく、子どもがつくり出すこともあります。

この授業では、ある意味で子どもの的外れともとれるつぶやきに、議論が巻き起こる何らかの契機を教師が見出したということです。

8－6．教材研究から見た評価

この事態を教材研究という視点から考えてみましょう。植物が花を咲かせる季節が決まっているのは、日照や気温、降水量などの条件が開花に適合する場合に、花を咲かせて結実させることができるからです。そうした開花と自然の条件に関係があることを、子どもたちは何となく知っているのですが、明確にわかっているわけではありません。中にはまったく考えたこともない子どももいるでしょう。このつぶやきはそうした子どもたちにとって考える契機をあたえてくれました。

教師は子どもたちがアサガオの開花時期を知るだけではなく、開花の時期を人間の手でコントロールする活動に結び付けることができればおもしろいと思いました。子どもたちの手で冬にアサガオを咲かせることができればおもしろい。この取り組みは、咲かせることに成功しても失敗しても、いずれにしても子どもたちがより深く開花と自然の関係を実感する契機になるので、やってみる価値があると考えました。

教師が子どもに何かを教えることを使命として、教えるべき内容を組織的・系統的に子どもたちに伝えるという旧来の教科教育法ではなく、子どもに学びの契機となる議論をしかけるというのは、ややもすると授業の組織性・系統性を失い、教師が授業をコントロールできなくなるのではないかという心配があるかもしれません。ところが、子どもたちの議論の結果について、子どもの学び様に合わせるだけではなく、活動の結果が上手くいってもいかなくても、そこには学びが生成するだろうという活動に挑んでみるということが、生活科では価値のある学びを生み出すことにつながるのです。

子どもの学びと教育内容の系統性は、反するものではない

【参考文献】

福岡教育大付属小倉小学校『子ども自ら動き出す生活科単元づくりと評価』明治図書、1989年

溝上 泰、小原友行『生活科教育― 21世紀のための教育創造―』学術図書出版社、2000年

渡邉 彰『生活科・総合的な学習の時間で子どもはこんなに変わる』教育出版、2011年

第9章

生活科の評価の方法

子どもたちの気付きや行為を価値付ける「評価」はどのように実施すればいいのでしょうか。次に「評価」の実施方法について考えたいと思います。

まずは、「評価」の観点です。これは指導要録に示された評定の観点とは違います。指導要録に示された観点は他の教科と同じく、学習指導要領に示された学習の成果がどれほど達成されたのかということを調べる観点です。本書で言う「評価」の観点は、子どもの学びを価値付け、子どもに返していくことで学びをより確かなものにしていくための方法として必要な視点を示すためのものです。

評価が子どもの学びを確かなものにする

9－1．評価の観点

ただ、何となく子どもたちのつぶやきを聞いて、行為を見ている・見守っているだけでは評価する契機を見逃してしまいます。そこで、評価の契機を逃さないようにする注意深さが必要です。子どもの学びの基になるのはほんの些細な気付きです。子どもの気付きはさまざまな場面で生まれます。だからと言って、気付きが発生する場面を、すべて見逃さないようにしようと四六時中いつも子どものつぶやきや行為に気を配ることはできません。

そこで、つぶやきや行為をつかみ取る観点を持つようにします。この時、教師にとって都合のいいつぶやきや、出してほしいと思っていたつぶやきだけに注目していてはいけません。

生活科の授業では、教師が想定していた回答を子どもから引き出すことが肝要なのではありません。注目すべきは、教師の想定外のところで起こる子どものつぶやきや行為です。教師が想定しているような行為やつぶやきにはあまり注目せず、むしろ想定外の行為やつぶやきに注目するという観点が必要になります。これまでも述べてきたように、生活科は教師の思惑通りに授業を進めるのではなく、子どもの学びに合わせて授業を進めます。だからこそ、教師の思惑を超えた学びを引き出すようにします。

とはいっても、単元の目的と異なるような行為やつぶやきを拾い上げて授業を進めると、授業はたちまち混乱してしまうのではないかと不安に思われる方もあるでしょう。そのように混乱してしまうのは、教師が授業で実現しようと意図している学びと子どもが学びたい・知りたいと意図している内容がずれているからなのです。教師の意図と子どもたちの意図が了解されている時には、子どもが的外れだと思われるつぶやきをしても、単元全体の意図がつながっているので、子どもの話をよく聞くことで、子どもの学びの脈略を見出すことができます。脈略さえ見出すことができれば、的外れにはならず、むしろ新しい個性のある学びを引き出す契機になります。こうした子どもの学びの脈略を見出すことができる行為やつぶやきが出てくるようにするためには、単元の初めに教師と子どもが授業の目的（意図）を了解するための対話を十分に尽くしておくことが必要になります。

生活科では、教師が想定した「正解」を
子どもから引き出すのが目標ではない

9－2．教育目的を媒介とした子どもとの対話

また、意図が了解されているからと言って、子どもの発言を何でもかんでも取り上げていくというのは間違いです。教師は、子どもの学びが深まりそうな発言とそうではない発言の見極めをする必要があります。この見極めは単元の教育目的との合致にあります。子どもの発言の意図が、その後の対話によって、より深い学びとして位置付けられるようであれば取り上げることができます。

この見極めはきわめて難しく、これまでは教師の経験や教師が普段からその子をどのように見ているかという勘による判断に委ねられてきました。しかし、それではできる教師はできても、できない教師はいつまでたってもできないという2極化を生み出してしまい、教師の属性に期待されて、優秀な教員を養成することはできません。

そこで、教師と子どもが教育目的を媒介として対話することが必要になると思います。昨今では、「対話的な」学び・授業が求められていますが、それは対話をするために授業を行ったり、授業の中に対話を取り入れたりすることではありません。中には、そのような形式が重要だというように勘違いして、グループ活動や討論を組み入れた授業をわざわざ展開される方がありますが、それでは「対話」をする意味がありません。発言、行為、つぶやきといった子どもが発する信号を、教師が教育目的を基調とした授業の文脈に位置付けることができるようにするのです。しかも、経験や勘に頼って見極めるのではなく、教師と子どもあるいは子ども同士が、対話をすることによって、子どもの意図を引き出して自身の授業の意図と合致するかを検討する必要があります。その対話は、教師の問いから始まり、解釈をへて行為やつぶやきの意味を理解し合うことで、授業の文脈に位置付けることができるようになります。そうしたことから、評価の観点の第一は、授業の文脈に位置付けることが

できるかどうかを判断するための対話ができるかどうかにあると思います。

1.子どもとの対話により、
授業の文脈に位置付けることができるかを判断する

9－3．子どもの学びの自覚

先にも述べたように、評価は子どもの学びを価値付けることによって成り立ちます。そのため、評価は子どもに返して初めて完結します。子どもに返すということは、子どもの行為やつぶやきのどこに、どのような価値があったのかを子どもに自覚させるということです。子どもは関心の赴くまま行為やつぶやきに至ります。それは気ままに発しているように見えますが、授業という文脈において発しているため、その行為やつぶやきの後に、何らかの学びが生まれています。よく「活動あって学びなし」と言いますがそれは間違いです。活動の結果生まれている学びを誰も気が付かずに放置しているにすぎません。実際、子どもはとてもいい行為やつぶやきを発していても、そこに学びが生まれていることを自覚していない・自覚することができていないことが多くあります。そのため、生活科では経験はしているけれども学びがないと言われ、「活動あって学びなし」と批判されてきました。

そこで教師が、そうした子どもの行為やつぶやきと価値への自覚とをつなげ、学びへと誘うために「評価」をするのです。それは、子どもが気付いていない自分自身の行為やつぶやきの意味を、教師と子どもが対話によって解き明かしたり解釈したりすることによって、子どもに自身の行為やつぶやきの価値を知らしめるということになります。

2.子どもの行為やつぶやきとその価値への自覚とをつなげ、
学びへと誘う

9－4．学びを自覚させる教師の指導

教師がこうした価値付けができるようになるためには、教師自身が教育目的を深く認識している必要があります。教師は、教育目的を文章で書いておき、常に自身がそこに立ち返ることができるようにしておきます。さらに、子どもと異なる目線で子どもの行為やつぶやきをとらえます。その目線は教科専門という教師が持つ背景によって形成されます。生活科の場合は、教科専門がとても広範囲に渡るため、教師は念入りに教材研究をしておく必要があります。教材研究によって、その教材の特徴やその教材で教えることができる教育内容を充分に踏まえておきます。対象や教材にマニアックに迫り、とことん知識を増やして、もの知りになっている必要はありません。その教材の本当に大切なところをしっかりと押さえて、そこで学ぶべき教材の概念を明確にしておくことが必要です。

9－5．概念の獲得と評価

ここで概念といっているのは、その意味内容を示す内包とその適応範囲を示す外延から成り立ちます。通例の教科教育では教育目標の内容と適応範囲が概念に相当します。例えば「燃焼」であれば生活経験で持っている子どもの観念（火が燃える、熱い、燃えるとなくなってしまう……といった生活上で身に付けているイメージや生活的概念）を乗り越えて、正し

い科学的概念、すなわち「燃焼とは、発熱と発光をともなう酸化反応」(小学生で言えば酸素と化合すること) という理解にまで高めていくことが内包となります。これが教育内容になります。そして、科学的に理解するからこそ、どうすればキャンプの時に早く火をつけることができるか、逆に火災が生じた際に、何らかの方法で酸素を遮断して消し止めるという解決策を推し進めることができるようになる、といった適応範囲の広がりを示す外延を身に付けることを「活用」としています。現代の日本の教育課程では「活用」までが学習内容として要求されています。内包と外延の双方が取得されて初めて概念を習得したことになります。

生活科も教科ですから他の教科教育と同様に概念の習得を目指します。その際に、低学年という発達的特性や、対象が生活現実そのものであるという特徴を踏まえて考える必要があります。低学年の子どもたちは、矛盾していることを丸ごと受け止めたり、先験的に身に付けている生活的概念を確固として動かせなかったりします。そこで、いきなり明確な科学的概念の習得を目指すのではなく、概念の前段となる「直観」の形成を目指します。「直観」とは、科学的概念の習得が価値あるものであるということについて実感をもって知り、その習得に向けて主体的に活動することに価値を見出すことができるものの見方・考え方の基礎です。生活科の授業では「直観」を育むために、将来的に科学的概念の習得に役立つように生活的概念を整理したり、概念の習得の裏付けとなるような実感を価値あることとして印象付けたりすることが必要になります。

1970年代には低学年でも教え方の工夫や教材の開発によって、より高い科学的概念を多くの子どもに獲得させることができるとされて、「わかる授業」が追求されてきました。その後、さまざまな授業実践が取り組まれる中で、低学年にはわかることだけではなく、わかることと体験や実感が結び付かなければ、知識や技能は習得されるものの、価値ある学びとして子ども自身のものにならないことがわかってきました。そうした考え方を背景として生まれた生活科は「知っているよりもやったことがあること」を大切にしてきました。生活科が大切にしているのは、知っていることだけではありません。また、やったことがあることだけでもないのです。やったことがあるという体験をかいくぐって知ったことやできるようになったことを大切にしているのです。そのため二つ目の観点としては、子どもの活動が学びとつながっているかどうかを見極めることにあります。子どもの体験や活動と学びをつなぐことが子どもに学びの成果を返すことにつながるのです。

子ども体験や活動と学びをつなげる

9－6．学びにつながる活動・活動につながる学び

では、学びにつながっていく活動とはどのような活動でしょうか。それは子どもがこうしたいという願いをもって取り組むことができて、その上で改良ができる活動です。

子どもが休み時間に遊んでいるのは、楽しく気持ちよいからです。そこで何かを学ぼうと意図しているわけではありません。もちろん、その中で人間関係の調整や技の向上など、子どもはさまざまなことを学んでいます。しかし、休み時間での学びは教育課程上意図的に仕組まれたものではないため、いつ何が学ばれるかは偶然によります。生活科の学びは偶然ではなく、意図した教育課程の下で学ぶべき内容が学ばれます。そのため、活動が子どもの学びと計画的につながっていかなければなりません。

子どもの活動と学びを計画的につなげているのは「こうしたい」という意図、すなわち子どもの「思いや願い」です。子どもが活動する中で生じた「思いや願い」を教師がくみ取り、授業に位置付けることで、「思いや願い」が自覚されていきます。そうすると子どもは「思いや願

い」に向かってより適合するような活動を組織していきます。ここに学びが生まれるのです。そのためには、子どもの手で活動を組織したり、教材に改良したりすることができる余地があることが必要です。

例えば、子どもがもっと速く走らせたい、もっと高く飛ばしたいという願いを持ったならば、それを実現するために活動時間が保障されていること、活動に必要な材料や道具が用意されていること、一緒に活動してくれる仲間がいること、困った時に相談できる先生がいることなどが必要になります。子どもが困らないように丁寧なつくり方プリントが用意されていることや失敗しないように教材がキット化されていることは必要ありません。

では活動時間はどれくらい保障すればいいのでしょうか。それについてはひとつの実験を行いました。

9－7．学びと活動時間

小学校2年の生活科の授業で風車をつくり、いろいろな風を見つけて来ようというテーマで授業をしました。この時、活動時間と子どもたちが発見した風の数を数えてみました。すると、子どもが発見した風の数に次のような変化がありました。

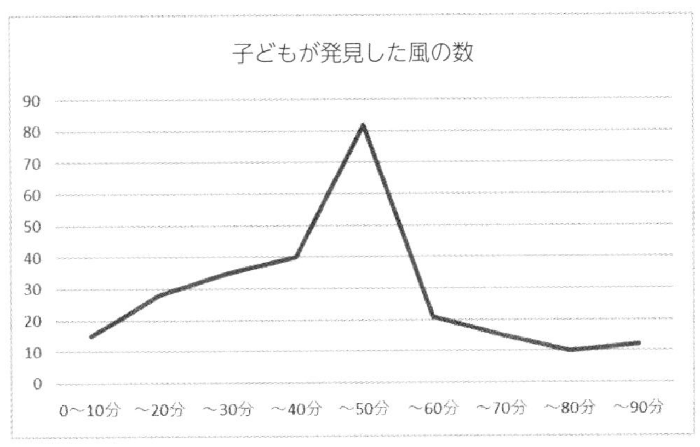

最初の40分まで、つまり小学校の平均的な授業のおよそ1時間の間には発見数はほぼ比例して増えていきますが、その後40分から60分の間に極端に増えていき、60分を過ぎるとむしろ減っていきました。

このことから、子どもがさまざまな発見をするためには、一定以上の時間がかかるのですが、中でも40分から60分程度の時間で飛躍的に増えることがわかりました。この結果から、子どもがいろいろ気付きを得るためには1時間の授業の枠を広げて活動させてあげる必要があるが、あまり多くの時間をとる必要はないということがわかりました。

最初の30分くらいは、子どもたちは風車で遊んでいます。風車が回ることが楽しく、走ってみたり、ブランコに乗ったりとさまざまに活動します。ところが40分くらいたつと、発見したことを先生に伝えに来る子どもが出始めました。教師がそれを評価して返してあげると、もっと沢山見つけたいという意欲にかられてさらに活動するようになります。ところが、60分を過ぎる頃から、子どもたちは新しい風を見つけることができなくなって活動が停滞していきます。70分を過ぎると風車を手放して遊びだす子どもが出始めます。最後の10分は、ちょっと頑張るので若干増加する程度でした。授業をしていると、活動時間が45分だと子どもは「もっとやりたい」ということがよくあります。これを微笑ましいと思いながらも、時間だからとそこで活動を終えていることはよくある授業の風景です。しかし、その後10分～20分程度の間に飛躍的な学びが生まれる可能性があることは私たちが知っておくべきことだと思います。

評価の第３の視点は、学びが充分生まれる活動を保障することができているかどうかです。子どもが活動に満足していなければ評価をしてもそこには学びがありません。

子どもが活動に満足しているか

【参考文献】

教育ジャーナル編集部『生活科をどう実践するか』学研、1989年

演劇教育フォーラム“こんぺいとう”編『みんなであそぼう生活科―劇のある生活科学習』晩成書房、1996年

中野 光、川口幸宏、行田稔彦『講座教科教育　生活科教育法』学文社、1993年

第10章

生活科の授業研究を考える

生活科の授業研究は、生活科を担当しない・したことがない先生方を含めて行います。生活科の学びの特性を理解した上で、今後の授業づくりに役立つ授業研究にしていくように３つのことを行います。

10－1．授業の土台は、はじめに子どもがあること

生活科の授業研究の前提として、生活科の授業の土台となるのは、子どもであるという認識を共有しなければなりません。そのことを共有するために、授業研究の後で行われる検討会では、一般的な子ども論や学習指導要領にある内容について語るのではなく、個別の子どもの学びを具体的に語ります。そのためには、授業観察の際に、ひとりの子どもの学びをしっかり見取り、記録しておくことが必要になります。研究協議の場面では、子どもの発言や行為を具体的に取り上げて、その発言や行為の意味を全員で解釈していきます。

例えば、秋のものを使ったお店をつくって１年生を招待するという２年生の単元での授業研究の場面で考えてみましょう。「どのようなお店にしたいですか」という教師の発問に最初子どもたちは、Ａのように応えていました。ところが、ある時からＢのような違った文脈の応えが出てきました。

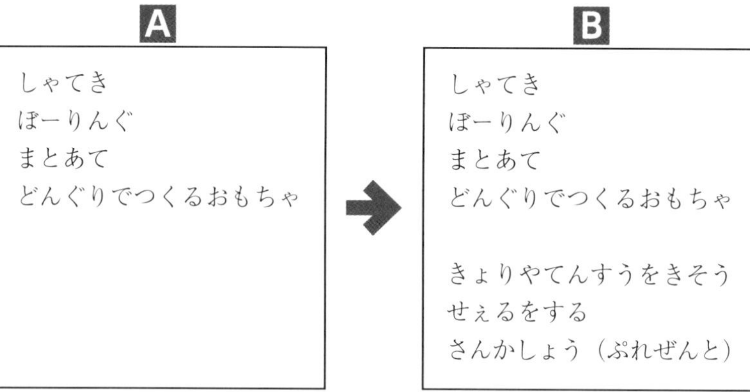

教師の板書きより

最初、子どもたちはAのようにやりたいお店の種類を応えていました。そこで、教師は「みんなは、１年生を楽しませるお店をつくりたかったんだよね」という確認をしました。すると、Aくんが「じゃあ、てんすうをつけるのはどうかな」とつぶやきました。すると、それに反応して「てんすうってどうやってつけるの」「とおくまでとんだら○点とか」「小さなまとに当てるほうがむずかしいよね」というような対話がなされたところで先生が「手をあげて話して下さい」というと「距離や点数を競う」「セールをする」「プレゼントをあげる」という発言が出てきて教師はそれを板書しました。

教　　師：どのようなお店にしたいですか。
子どもF：射的のお店にしたいです。
子どもG：ボーリングがいいです。
子どもH：わたしはまと当てがいいと思います。
教　　師：みんなは、１年生を楽しませるお店をつくりかたったんだよね
子ども複数：そうです。
～～ザワザワ～～
子どもA：じゃあ、てんすうをつけるのはどうかな。
子どもB：てんすうってどうやってつけるの？
子どもC：とおくまでとんだら○点とか
子どもD：小さなまとに当てるほうがむずかしいよね。
子どもB：むずかしいのはたくさんてんすうあげるといいね。
子どもA：しょうひんもらえるとよろこぶよ。
教　　師：手をあげて話をして下さい。
…

ここには授業研究で注目すべきである子どもの学びの文脈の転換が見出されます。最初は具体的なお店の種類に焦点化されていた子どもたちの意識が、お店の属性に変わりました。この変化は、教師の「みんなは、１年生を楽しませるお店をつくりかたったんだよね」という発言を契機としていました。ここは学びの

転換点なので注目します。

検討会ではまず、教師の意図を尋ねます。教師がどうしてその発言をしたのかを聞いてみます。すると、「子どもたちの話がお店屋さんにばかりになっていて、もう少し内容の事に踏み込ませたかった」という想いを語ってくれました。このことを教師は教育目的の確認という形で行いました。このタイミングを狙っていたのか、狙っていたとすればどうしてかなど質問することは満載です。しかし、ここは質問は目的や意図に焦点化して、拡散しないように努めます。最初に子どもAがつぶやいていますが、この反応に教師はすぐに飛びついていません。その理由を尋ねます。すると、ここでは「つぶやきであり、意見としては表明していないので、あえて、取り上げなかった」というのです。さらに、子どもBやCがAのつぶやきに次々に反応しました。これについても、取り上げておらず、子どもの好きなようにやらせているように見えます。どうして教師はある意味で放っておいたのでしょうか。この問いに教師は「放置してたつもりはないのです。ただ、子どもの会話がおもしろくて、つい聞き入ってしまいました」と言いました。

このことから、子どもたちの学びの転換を解釈していきます。当初の教師の発問の意図は、お店屋さんのイメージをつくることにあったと思われます。ところが、子どもたちは具体的なお店の姿を持っていたために「〇〇屋さん」というようにお店の種類を応えました。これはこれでいいのですが、子どもたちの様子を見ていると自分がやりたいお店をあげているようにも見えます（「わたしは〇〇がいいです」と自分の関心事を言っている）。この点から教師は自分の意図とは異なると判断して、お店を開く目的であった「1年生を楽しませる」という点を振り返らせています。ここでは、教師からの提言をしたり、教師の想いを前面に出したりするのではなく、子どもたちとの了解事項を呈示している点が注目に値します。

次に教師は目的の提示に反応して子どもたちが対話を始めました。この対話が子どもたちの主体的な学びの現れです。この対話は、あらかじめ想定された討論とは異なり、子どもたちが自分で考えて、自分の疑問や言いたいことを表明しています。こうした子どもたちの対話を引き出してこそ「対話的な学び」が熟成されていくのです。話し合いの時間を設けたり、グループでの討論を仕組んだりするというのは形式的には対話しているように見えます。そうした形態に仕組まれた学習ではなく、子どもが語り、聞くことを必要とする場面が授業の中に生み出されることこそ「対話的な学び」といえるのではないでしょうか。私たちは、今一度子どもの立場で考え直してみる必要があります。

10－2．教師の解釈

授業研究では、そこで生じている子どもの発言、行為、教師の関わりといった出来事をとらえることが第一歩です。そのため、どこに注目するのかは重要です。出来事に注目するだけではなく、そこで何が起こっているのかを解釈することも必要です。解釈はその教員の知識や理解、経験、立場などの視点で行われます。解釈を行うことによって、その出来事がどのような意味を持つのか、具体的な事実を基に明らかにしていきます。解釈であるから、勝手な考えを述べたり、思いついたことを語ったりするのではありません。そのような発言は授業検討の場を混乱させます。特に、その子どもの発言だけではなく、周りの子どもの様子や発言の前後のその子どもの様子、さらには普段のその子どもの様子などを勘案して発言内容の意味を問います。そこでは、発言や行為だけではなく授業全体の文脈と併せて意味が語られることになります。

解釈では、意味とそれを示す具体的な事実や背景との関連が説得的に示される必要があります。その際に有効なのが理論になります。先の例で言えば、教師が「みんなは、1年生を楽しませるお店をつくりたかったんだよね」という子どもたちの討論を軌道修正することができたのは、教師が教育目的を深く自覚していたからだということがいえます。この時、授業の構成要素を教育目的、教育目標、教材という３要素で分析的にとらえるという授業研究に対する理論を知っていたからこそ解釈が可能になります。このように、授業研究の理論を背景として持っていることは重要です。そのため、多くの場合、授業研究会には講師として学識経験のある方を迎えるようにしています。

ただ、授業研究にはさまざまな理論があります。一定の理論や主張にとらわれることなく、さまざまな理論を背景とした解釈が望まれます。

10－3．授業研究の成果

授業研究の成果は、いずれかの解釈によって確定されるのではなく、さまざまな場面をとらえて、協議することにあらわれます。協議の際には、子どもの行為やつぶやき、発言という事実を基に語ります。その際、子どもの日常の生活やこれまでの授業での様子など背景を踏まえて語るのはいいのですが、「あの時こうすれば」、「もし、○○だったら……」という憶測や教師の思いだけで語ったり、単なるダメ出ししたりするのでは協議になりません。授業研究の協議会では、各々の教師はお互いが有益になるように協議する必要があります。生活科では、子どもの様子の変化から子どもの学びを見出すことを目的として、よりよい解釈を求めて話し合いを行います。教師の「しなければならない」と言った切迫な思い込みという教室内で起こっている事実とは異なる心理的な要因によって、子どもの本当の学びを見つめる視点を失わないように協議を進めることを大切にします。

その際に、大切にしたいのは子どもの発言や行動の事実です。教師の思いで語るのではなく、また、あるべき姿を語るのではなく、子どもの事実に即して、その事実から私たちが学び取ります。例えば、A君が授業中に課題に向かわず別の事をしていたとしましょう。そのことを遊んでいたとか授業に集中していなかったととらえるのではなく、A君の行動のどこに、どのような学びがあったのかを探り出し、そのことと授業はどのようにつながっていたのかと考えるようにします。どの子どもも行為の中には何らかの学びがあると考えて、その学びを授業に位置付けていくにはどうすればいいのかを問うようにすれば、子どもに寄り添った授業改善ができるようになります。

【参考文献】

丸木政臣、中野光、川合章編著『子どもと創る生活科』民衆社、1990年

生活科教育研究協議会編『私たちの創る生活科』あゆみ出版、1992年

佐々木 昭『生活科教育の研究』学文社、1998年

後藤正人『生活科で魅力のある学級づくり』文溪堂、2014年

第11章

生活科でのICT活用

11－1．生活科のICT活用の原則

生活科でICTを活用して授業する場合の原則は、ICTを活用することを目的にしてはならないということです。ICTを活用すると、子どもはこれまでと異なる言動を行うようになります。しかし、それは真のICT活用の効果とは言えません。新しい機器に興味を持っているにすぎません。そうではなくて、ICTを活用することによって、子どもの学びがより確かなものになっていくことが必要です。そのためには、ICTを活用するために生活科を学ぶのではなく、生活科の学びを促進させるためにICTを活用するようにします。

例えば、朝顔の観察記録をタブレットで写真に撮って、それを保存して記録していけば変化の様子がわかります。しかし、観察記録を自分で絵を描いて残していると、その子どもが何を感じてどこに焦点を置いているのかがわかります。写真では記録できない学びを読み取ることができるのです。その反面、時間がかかったり、描けない子どもの指導が必要になったりするなど指導の工夫が必要になってきます。安易にICTを使うと子どもの学びを失いかねません。

ICT活用を目的にするのではなく、子どもの学びがいきる活用を

11－2．生活科のICT活用から見える子どもの学び

学校探検では、子どもたちが見てきたもの、触ったもの、関心を持ったものを画像に残すことができると子どもの学びの様子が見えてきます。自然の観察とは違って、変化するものではないため、もののどの部分に

関心を持っているかというよりも、どのようなものに関心を持っているかを示すことができます。それは学校探検では大切な学びの対象となります。

子どもが学校探検で端末を使って画像を撮影してくると、その画像から子どもの学びが見えてきます。子どもの画像の撮影の仕方には、その子どもの個性的な視点を見て取ることができます。しかし、その視点の意図は画像からだけでは見て取ることができません。そこで、子どもの意図が分かるようにする工夫が指導上では必要になってきます。その工夫の一つとして「キャプション」を付けるという方法があります。写真に子どもが付けた「キャプション」を見ると、教師がその写真から思っていたことと、子どもの意図が異なる場合があります。このように、ICTを活用するためには、ICTだけに頼るだけではなく、教師が子どもの学びを読み取る指導上の工夫を加えることが必要になります。

> ICTにだけ頼るのではなく、
> 子どもの学びが見えるような工夫も必要

11－3．通信機能を使ったICT活用

ICTの一番の強みは高速回線の活用による通信機能です。低学年であってもこうした利点はぜひとも活用したいところです。しかし、通信機器はWi-Fi環境や設備によるところもあるので、必ずしも実現するものではありません。また、通信機能に接続するとセキュリティの問題も出てきます。これまでにない注意が必要になります。アカウントを端末

に入れるにしても低学年はアルファベットを知らないので一苦労になります。

通信機能の利用のひとつに、アンケート機能の活用があります。これまで、発表の場面では、子どもたちに色付きの紙を配ってその結果を示す方法を用いたりして、結果をその場で子どもに返す工夫をしていました。(鈴木隆司『授業が楽しくなる生活科教育法』2018一藝社第7章参照)。これがアンケート機能を利用すると瞬時に集計して図表化して示すことができます。これは低学年の子どもでもラジオボタンを押すだけなので簡単に実施できます。

【参考文献】

鈴木隆司『授業が楽しくなる生活科教育法』一藝社、2018年

あとがき

前著ではあとがきで「生活科はジャズだ」と書きました。他の教科を楽譜に解釈を加えて演奏するクラシック音楽だとすると、生活科は名曲よりも名演奏を期待するジャズだという意味です。

生活科は、子どもの学びを引き出し、それを価値付け、子どもたちに返していくという教科です。その本質は変わるものではありません。だからこそ、現代の教育課程上非常に重要な教科なのです。

子どもにとって、学校生活はいろいろな出来事の連続で、それを受けとめて、ときめきの中で生きています。生活科はそのときめきを学びに変えることができる教科です。学ぶことが楽しい・嬉しいという喜びになるように、先生と子ども、そして保護者のみなさまや職員の方々が力をあわせて、生活科を大切にした学校生活を送ってほしいと思います。

本書の上梓にあたり、一藝社の社長小野道子さま、編集ご担当の川田直美さま、営業の石山花梨さまには、大いにお世話になりました。記してお礼申し上げます。

2023年2月

鈴木　隆司

【著者紹介】

鈴木隆司（Takashi Suzuki）

千葉大学教育学部教授、千葉大学附属小学校校長

1960年京都生まれ。東京学芸大学大学院教育学研究科修士課程（技術教育専攻）修了。東京都公立中学校、私立小学校教諭を経て、42歳で千葉大学教育学部に赴任。現在は千葉大学教育学部教授（生活科教育講座）、同附属小学校校長を併任。

子どもがたのしい生活科の授業づくり

2023年2月28日　初版第１刷発行

著者　鈴木 隆司
発行者　小野 道子

発行所　株式会社一藝社
〒160-0014　東京都新宿区内藤町1-6
電話03-5312-8890　FAX03-5312-8895
info@ichigeisha.co.jp
http://www.ichigeisha.co.jp
振替　東京00180-5-350802
印刷・製本　株式会社丸井工文社

ISBN978-4-86359-269-8 C3037